LA TRADIZIONE BUDDHISTA DELLA TRASFORMAZIONE DELLA MENTE

di *Peter Della Santina*

In virtù di questo testo possano tutti gli esseri raggiungere la piena Illuminazione.

© 2018 Krishna Gosh – Della Santina

a cura del Centro di Buddhismo Tibetano di tradizione Sakya "Sakya Ngon Ga Ling", Montespertoli – Pistoia, Italia

Herstellung und Verlag: BoD – Books on Demand, Norderstedt (D)
ISBN: 9783752865899

Traduzione italiana del testo originale inglese *"The Buddhist Tradition of Mental Development"* di Cecilia Bellici, Jessica Martensson e Bert d'Arragon

Sommario:

Introduzione   3

Capitolo I
Fiducia e Trasformazione   7

Capitolo II
Opportunità e Impermanenza   22

Capitolo III
Frustrazione e Karma   40

Capitolo IV
Amore e Compassione   65

Capitolo V
Pensiero dell'Illuminazione   84

Capitolo VI
Lo Stato di Calma   105

Capitolo VII
Saggezza   131

Capitolo VIII
Iluminazione e Buddhità   152

Nota sull'autore   169

PREFAZIONE

Nel 2003, quando a Firenze era nato da pochi mesi il Centro di Dharma Sakya Ngon Ga Ling, Peter della Santina ha dato insegnamenti basati su questo libro nel nuovo centro. È stato con noi, spiegando in quattro bellissimi incontri gli otto capitoli qui pubblicati. Peter è stato uno dei primi discepoli occidentali di Sua Santità, il 41° Sakya Trizin, ora S.S. Gongma Trichen Rinpoche, il più alto esponente della tradizione Sakya. Sua Santità e Peter erano coetanei e Peter lo aveva incontrato giovanissimo quando studiava Buddhismo in India. Peter Della Santina era un noto studioso del Buddhadharma e ha dedicato la sua intera vita alla diffusione del Dharma, insegnando per molti anni nel sud-est asiatico. Era un vero amico per noi e ha dato i primi stimoli ed instancabile sostegno per la nascita del Centro Sakya Ngon Ga Ling, aiutandoci poi con buoni consigli e un appoggio sincero nei primi anni di attività. Purtroppo, Peter è venuto a mancare nel 2006 mentre era in Malaysia a insegnare. Siamo infinitamente grati della sua presenza in quei primi anni e la nostra speranza è che questo bellissimo libro possa essere usato da tutti gli studenti e amici del centro come una introduzione alla via Vajrayana, ben radicata nel Mahayana, così come insegnato nella tradizione Sakya. Dal tempo degli insegnamenti dati dalla viva voce di Peter sono trascorsi 15 anni, in cui il Centro ha continuato ad operare, organizzando seminari, incontri, iniziazioni e corsi – e le parole di Peter sono attuali e utili ora come lo erano all'epoca.

I nostri ringraziamenti vanno a tutti coloro che hanno aiutato a preparare la pubblicazione di questo volume, sopratutto a Cecilia e Andrea per il tempo e l'energia che hanno dedicato alla traduzione e correzione assieme a noi. Ma il ringraziamento più grande va ad una preziosa amica, Krishna Gosh - Della Santina, moglie di Peter, che ha dato continuità alla sua opera, insegnando anche lei il Buddhadharma, e che ci è rimasta vicina in tutti questi anni.

Jessica Martensson e Bert d'Arragon

INTRODUZIONE

Le Origini della Tradizione

La tradizione spirituale che andremo a discutere è quella Buddhista perché prese le sue origini da Buddha Sakyamuni, 2500 anni fa in India.

Questo è vero sia per la tradizione specifica che studieremo in questo testo sia per le altre tradizioni buddhiste quali quelle Theravada e Zen. Tutte arrivano al giorno d'oggi partendo dagli insegnamenti di Buddha Sakyamuni attraverso una serie ininterrotta di trasmissioni. La prima fase di trasmissione era quella orale: gli insegnamenti venivano tramandati a voce dal maestro al discepolo e conservati nella memoria dei seguaci del Buddha.

Per questa particolarità prende il nome di tradizione orale primaria che è continuata per circa 400 o 500 anni dopo la morte del Buddha. Dopo questo primo periodo emerge, poi, la tradizione letteraria primaria: gli insegnamenti del Buddha cominciarono ad essere trascritti. Si tratta, quindi, di una codificazione, di una cristallizzazione della tradizione orale. Possiamo vedere questo dal fatto che tutti gli insegnamenti della tradizione letteraria primaria iniziano con queste parole "Così, ho ascoltato". Queste sono ritenute essere le parole del fedele assistente del Buddha, Ananda, che teneva gli insegnamenti a memoria e che li passava ad altri discepoli durante il Concilio che si tenne subito dopo la morte del Buddha.

La tradizione letteraria primaria è il fondamento canonico da cui sono derivati ulteriori sviluppi. In seguito alla tradizione letteraria primaria, ha avuto luogo anche una tradizione letteraria secondaria, che consiste in commentari e spiegazioni delle tradizioni orali primarie. Il più importante personaggio tra gli espositori di quella dottrina è Nagarjuna, che ha affrontato soprattutto il tema della vacuità, e Asanga, che focalizzò la sua attenzione sul ruolo della mente nella produzione e nell'eliminazione della sofferenza.

Contemporaneamente alla tradizione letteraria secondaria è iniziata anche una tradizione orale secondaria. Questa ebbe il suo maggior splendore nel periodo dal VI al VII secolo fino circa all'XI secolo d.C. Questa tradizione orale secondaria vede la creazione di un gruppo molto interessante di saggi, i cosiddetti uomini della grande realizzazione (i Mahasiddha). Queste persone provenivano da vari percorsi di vita: alcuni da strati sociali elitari e istruiti, altri erano marinai e vasai. Avevano una cosa in comune: erano particolarmente interessati a tradurre o ad esprimere la Saggezza incorporata nelle tradizioni letterarie primarie e secondarie nei termini della vita ordinaria di tutti i giorni. Usavano una vasta gamma di simboli della vita ordinaria per trasferire la filosofia astratta delle tradizioni letterarie nelle esperienze immediate della vita quotidiana.

Queste tre tradizioni (quella primaria letteraria, secondaria letteraria e secondaria orale) che, da una parte sono accademiche e astratte ma dall'altra, invece, anche esperienze di vita vissuta, sono state trasmesse in Tibet dal VII al XII secolo e con questo una notevole scelta di tradizioni diverse, specchio dell'apice del Buddhismo, venne conservata in Tibet. Quando il Buddhismo iniziò a decadere in India e quasi a scomparire come una tradizione indipendente e identificabile, venne invece preservato in Tibet. Fu protetto attraverso un processo continuo di rinnovamento e di verifica mediante l'applicazione degli insegnamenti nei contesti delle esperienze personali.

Gli insegnamenti erano difesi e conservati non come fossili culturali o intellettuali, ma come una tradizione vivente – sperimentata e riportata nell'esperienza quotidiana dai suoi praticanti.

Questa è la tradizione che tratteremo in questo libro.

La Chiave dell'Auto-Trasformazione

La tradizione tibetana si può definire anche come tradizione della trasformazione della mente perché nel Buddhismo la mente è la chiave della trasformazione. E' il fattore più essenziale nell'arricchimento e nell'emancipazione personale.

Differenti tradizioni iniziano da punti diversi. Per esempio, nelle tradizioni Semitiche, si inizia da Dio. In certe filosofie politiche come il Marxismo, si comincia dalla società o dalla sfera economica. Nel Buddhismo, si comincia dalla mente. La mente è la chiave della trasformazione. Perché succede così? Perché senza la mente non c'è esperienza, non ci sarebbe né felicità né frustrazione perché dipendono dalla mente. Tutte le nostre esperienze ci arrivano attraverso la mente. Gli organi di senso – occhi, orecchie, naso, lingua e pelle – non producono percezioni senza la mente. Perciò è chiaro che se vogliamo cambiare il carattere della nostra esperienza, dobbiamo cambiare il carattere della nostra mente. Se volessimo coprire l'intera superficie del pianeta con un tappeto per proteggere i nostri piedi nudi da spine e da pietre, sarebbe un compito molto difficile. Ma coprendo semplicemente i piedi con il cuoio, è come se l'intera superficie del pianeta fosse coperta di cuoio. Allo stesso modo, se volessimo rimuovere avidità, rabbia e illusione dal pianeta, sarebbe un compito molto difficile. Ma rimuovendo avidità, rabbia e illusione dalla nostra mente, è come se venissero eliminati dal mondo. Cambiando la condizione e il carattere della nostra mente, possiamo cambiare il carattere della nostra esperienza.

Uno dei primissimi passi nella trasformazione della mente è l'osservazione del comportamento della mente stessa. Vedremo che la nostra mente è quasi esclusivamente reattiva. In altre parole, la nostra mente reagisce continuamente agli stimoli. Quando vediamo certe immagini, la mente reagisce. Quando ascoltiamo certi suoni, assaggiamo alcuni cibi, odoriamo dei profumi, la nostra mente reagisce. Non c'è quasi nessuna occasione nel percorso di un continuum mentale non trasformato in cui la mente non si comporti in modo reattivo. Un famoso insegnante diceva che la mente è come un distributore automatico: metti una moneta e ottieni una reazione.

Questo processo reattivo della mente è un procedimento semi-cosciente: in realtà non ne siamo completamente consapevoli, viviamo come dei sonnambuli. Siamo costantemente impegnati a reagire in modo meccanico e automatico. Funzioniamo come denti di un ingranaggio perché non siamo consapevoli ma una volta che diventiamo coscienti del carattere reattivo della mente e di quanto siamo prigionieri di quelle reazioni, poniamo l'inizio per la trasformazione della mente.

Questa consapevolezza crea un piccolo spazio in cui iniziare un nuovo tipo di processo mentale – nel quale ci si può spostare dalla mera reazione alla creatività. In questo modo, possiamo cominciare a lavorare con la nostra mente, allargando l'area di consapevolezza, di controllo e di trasformazione per agire eventualmente in maniera libera, creativa e positiva. Cessiamo così di essere solo i denti di un ingranaggio. Possiamo esercitare una influenza positiva sia sulla nostra vita personale sia su quella degli altri. In seguito parleremo della trasformazione della mente – di come possiamo usare il potere di questo strumento molto forte a nostra disposizione, ovvero il potere della mente, per modificare la qualità della nostra esperienza.

CAPITOLO I
FIDUCIA E TRASFORMAZIONE

La tradizione che stiamo trattando riguarda la capacità di alleviare la sofferenza e di accrescere la felicità. All'inizio abbiamo detto che si dovrebbe studiare la tradizione Buddhista con uno sguardo molto attento in modo tale di creare benefici per se stessi e per gli altri e soprattutto non si dovrebbe intraprendere lo studio della tradizione per ottenere potere sugli altri, in modo da accrescere il proprio ego o diventare una persona molto erudita, esperta in temi esoterici, in grado di impressionare gli altri. La motivazione per intraprendere questi studi dovrebbe essere il sincero desiderio di sradicare la sofferenza e di incrementare la felicità per se stessi e per gli altri.

Cosa intendiamo quando parliamo di trasformazione della mente? Per la trasformazione della mente non intendiamo soltanto quei brevi periodi della nostra vita che trascorriamo a sedere con le gambe incrociate, contando i nostri respiri, guardando un'immagine e recitando un mantra o una preghiera. La trasformazione della mente comprende tutte quelle tecniche o quei metodi per mezzo dei quali possiamo cambiare il nostro orientamento mentale e modificare il modo in cui percepiamo noi stessi e il mondo che ci circonda.

In un certo senso cerchiamo di integrare la nostra esperienza quotidiana con la meditazione. Cercheremo di mostrare come possiamo trasformare la mente per migliorare e trasformare la natura e la qualità della vita grazie all'insegnamento della tradizione Buddhista.

Gli Atteggiamenti verso gli Insegnamenti
Ci sono alcuni atteggiamenti specifici che si dovrebbero coltivare nel proprio approccio verso gli insegnamenti. Non

è che coltivare queste attitudini sia di beneficio e di vantaggio per l'insegnamento, piuttosto si tratta del fatto di coltivare queste tendenze per ottenere il maggior risultato possibile dagli insegnamenti stessi. Possiamo descrivere l'atteggiamento corretto con l'analogia di un recipiente: le persone sono come un recipiente, un vaso, mentre gli insegnamenti sono come un liquido che viene versato nel recipiente. Quando versiamo un liquido in un vaso, abbiamo bisogno di evitare tre situazioni. La prima è quella del recipiente rovesciato, simile a coloro che ascoltano gli insegnamenti con una mente chiusa senza essere ricettivi: non permettono agli insegnamenti di penetrare nella loro mente e di entrare a far parte della loro esperienza.

La seconda si verifica quando il vaso ha un foro alla base. Questo rappresenta il caso proverbiale in cui ciò che ascoltiamo *entra da un orecchio ed esce dall'altro*. Chi si avvicina agli insegnamenti dovrebbe evitare l'errore di lasciarseli sfuggire subito, dimenticandoli. Dovrebbe coltivare la capacità di assumere gli insegnamenti in modo da poterli ricordare.

La terza situazione è quella in cui il recipiente ha delle impurità al suo interno. Per esempio, se versiamo del latte fresco in un contenitore che ha un residuo di latte guasto, questo guasterà anche il latte fresco. Se chi ascolta ha delle impurità nella sua mente – come per esempio voler imparare per motivi egoistici o individualistici – gli insegnamenti saranno deteriorati da quelle impurità e non otterrà l'effetto completo. Quando ci avviciniamo a tradizione Buddhista, abbiamo bisogno di coltivare la ricettività, la capacità di memorizzare e di avere una mente incontaminata.

Possiamo anche descrivere gli atteggiamenti da adottare verso gli insegnamenti attraverso analogie prese dal mondo della medicina. Ciò vuol dire che gli insegnamenti saranno più efficaci se immaginiamo il Maestro, come per esempio lo stesso Buddha, come se fosse un medico.

Il Buddha era conosciuto anche come il "re dei dottori" perché la Sua intenzione era quella di liberare gli esseri senzienti dalla malattia della sofferenza. In questo caso si considerano gli insegnamenti come una medicina, le proprie afflizioni – in particolare le emozioni egoistiche e negative quali avidità, rabbia e illusione – come la malattia, e possiamo utilizzare la pratica come una medicina o una cura. Se si adottano questi atteggiamenti nei confronti degli insegnamenti, allora essi saranno molto efficaci. Questi approcci sono stati incoraggiati da molti Maestri nell'arco della storia della nostra tradizione, perché hanno dimostrato di essere veramente capaci di dare il maggior beneficio possibile.

L'Importanza della Fiducia

Il requisito essenziale per la trasformazione della mente all'interno della tradizione Buddhista è la fiducia o la fede nel Dharma. Troviamo questo termine di frequente in tutte le tradizioni Buddhiste, sia quando parliamo della *tradizione letteraria* (primaria o secondaria) che della *tradizione orale*. La fiducia o la fede sono un requisito e un precursore delle pratiche successive.

Per esempio, nell'Abhidharmakosha, un compendio di insegnamento superiore di Vasubandhu, troviamo i seguenti fattori considerati come importanti per il procedere verso la libertà e l'emancipazione: il primo è la fiducia, seguita dalla compassione, dalla diligenza, dalla Saggezza e dal comportamento corretto.

Nei *Sette Tesori Sacri*, che furono trasmessi dal Buddha a suo figlio Rahula, la fede era la prima della lista. La fede è anche considerata la prima delle *cinque facoltà spirituali*, che portano al miglioramento lungo il sentiero della libertà: fede, energia o sforzo, cognizione o consapevolezza, concentrazione e Saggezza. In tutti questi casi troviamo la fiducia o la fede come elemento di grande importanza per la trasformazione della mente.

Troviamo anche una quantità di similitudini usate per illustrare l'importanza della fiducia o della fede. Si dice che la fiducia è come un seme, perché precede il germogliare della trasformazione della mente; essa è come una madre, perché dà la nascita al frutto dello sviluppo spirituale. La fede è come un simbolo di ciò che protegge e difende lo scopo che si cerca di realizzare.

Inoltre, si dice che la fede è come un tesoro perché vi si può attingere in caso di bisogno allo stesso modo in cui si può attingere alle proprie risorse materiali. Nel contesto della trasformazione della mente si può trarre beneficio dalle risorse della propria fiducia per raggiungere la meta.

Si dice anche che essa è come le nostre mani e i nostri piedi: con il suo aiuto possiamo affrontare la scala della trasformazione della mente che ci conduce alla felicità e alla libertà.

La Definizione di Fiducia

Definiamo ora la fiducia con un po' più di precisione nel contesto della tradizione Buddhista. Quando parliamo di fiducia o di fede non intendiamo una "fede cieca" o una adesione rigida ad un certo sistema di dottrine assolute. Quello che intendiamo qui è un atteggiamento positivo, costruttivo della mente – ovvero di avere fiducia o fede nella possibilità di successo.

E' in questo senso che la fede è un prerequisito per ogni progresso nel cammino verso un'emancipazione personale. Se non crediamo nella possibilità di successo, allora tutti i nostri comportamenti saranno senza frutto e senza alcuna efficacia. Per esempio, se non crediamo di poter imparare a nuotare non servirà a nulla prendere lezioni di nuoto: mancando la fiducia iniziale nella possibilità di successo; non certo in termini di successo ma di possibilità di successo, è inutile iniziare il percorso! Avere questa fiducia non significa pensare alla fede in termini di successo, ma in termini della possibilità di riuscire a raggiungere la meta.

Possiamo notare la stessa cosa anche nell'atteggiamento di un ricercatore scientifico che ha fiducia nella sua ipotesi iniziale di lavoro. Se non avesse creduto in quella ipotesi, allora non avrebbe mai investito il tempo, lo sforzo e il materiale necessari per attuare gli esperimenti per verificare la sua ipotesi. Così, nella tradizione Buddhista, parliamo di fiducia nell'ipotesi di lavoro, nella possibilità di una trasformazione della mente e nel cammino verso la Liberazione. Se non crediamo nella possibilità di migliorare la natura e la qualità della nostra esperienza, allora non c'è alcuna utilità nel partecipare agli insegnamenti, nello studiare lo Yoga, ecc.

Le Fasi della Fiducia

Nel Buddhismo vengono individuate tre diversi fasi di fiducia o fede. La prima fase è chiamata *fiducia chiara e limpida*. Ciò vuol dire che abbiamo una percezione chiara del desiderio di alleviare la sofferenza e la frustrazione, il desiderio di trasformare la nostra esperienza. Ciò è seguito da un livello che chiamiamo *fiducia di grande aspirazione*: avendo realizzato chiaramente la volontà di raggiungere lo scopo, ora coltiviamo l'aspirazione a realizzare uno stato trasformato di sviluppo mentale che beneficia noi stessi.

La terza fase della fiducia è chiamata *fiducia fervente* o *certa*. Ciò vuol dire che progrediamo con un senso di certezza lungo la via della trasformazione della mente mentre usiamo i metodi e le tecniche della trasformazione della mente. Grazie ai metodi e alle tecniche apprese, cominciamo a trasformare quella confidenza e aspirazione limpida di raggiungere la nostra meta nella nostra stessa esperienza, realizzando la trasformazione della fiducia limpida e l'aspirazione dei primi due livelli per raggiungere la meta e portarla nella nostra esperienza, in modo tale che la fiducia diventi definita, non più qualcosa di distante da cercare o di forzato, ma qualcosa a portata di mano.

Gli Oggetti di Fiducia

1. La Legge del karma
A questo livello possiamo chiedere: "Fiducia o fede in che cosa ?".
Ci sono alcune "ipotesi di lavoro". La prima cosa di cui un buddhista dovrebbe essere convinto per raccogliere i frutti di questa tradizione della trasformazione della mente è la legge di azione e reazione, ovvero la legge di causa ed effetto.
Come nella sfera fisica esiste la legge di Newton circa azione e reazione, così esiste anche nella sfera morale una legge di azione e reazione che è la legge del karma. In altre parole, buone azioni portano a buoni risultati, mentre azioni dannose conseguono risultati negativi.

2. Le Quattro Nobili Verità
La seconda "ipotesi di lavoro" è contenuta nelle Quattro Nobili Verità, che sono: la Verità della sofferenza, la Verità della causa della sofferenza, la Verità della fine della sofferenza e la Verità del Sentiero o del metodo che porta alla fine della sofferenza.
La Prima Nobile Verità riguarda un aspetto che tutti noi possiamo ritrovare nella vita di tutti i giorni: siamo tutti soggetti alla sofferenza e alla frustrazione.
La Seconda Nobile Verità è la Verità circa le cause della sofferenza – ovvero ignoranza, desiderio e cattiva volontà. Nel cercare la soluzione di un problema, abbiamo bisogno

prima di scoprirne la causa. Se le lampade si fulminano, bisogna in primo luogo cercare la causa: è saltato il fusibile o dipende da calo di tensione? L'ignoranza è credere in un ego, un sé separato e opposto a ciò che ci circonda. Se credo in un "Io" separato e opposto al mondo e alle persone che mi circondano, se vivo in questa ignoranza di base, in questa fondamentale dualità, allora sarò costantemente in uno stato di frustrazione e di tensione, perché desidererò tutte le cose che sono di vantaggio per me stesso e sarò quindi contrapposto e ostile a tutto quello che potrebbe minacciare questo mio vantaggio.

Questa è la base fondamentale dell'instabilità emotiva e psicologica: l'ignoranza che è la distinzione dualistica tra il sé e gli altri che ci fa sviluppare avidità e cattiva volontà.

La Terza Nobile Verità è la Verità della fine della sofferenza. Quando eliminiamo le cause della sofferenza, eliminiamo questa instabilità emotiva di base e ci ritroviamo noi stessi in una situazione che segnala la fine della sofferenza e l'inizio dell'esperienza dell'emancipazione.

La Quarta Nobile Verità è la Verità del Sentiero. Essa fornisce i metodi, la terapia attraverso la quale possiamo eliminare le cause della sofferenza.

Si possono paragonare le Quattro Nobili Verità alle fasi scientifiche dell'osservazione (l'identificazione di un problema), la formulazione delle ipotesi, l'esperimento e la verifica. Come per la scienza, le Quattro Nobili Verità sono una "ipotesi di lavoro"; poi dobbiamo mettere in pratica le tecniche del Sentiero e vedere se portano all'eliminazione delle cause del problema.

3. I Tre Gioielli

La terza ipotesi in cui è bene confidare fin dall'inizio è l'efficacia dei Tre Gioielli – il Buddha (l'Illuminato), il Dharma (gli insegnamenti) e il Sangha (la comunità di persone emancipate e trasformate). La fede nel Buddha, nel Dharma e nel Sangha è importante perché, prima di tutto, con rispetto verso il Buddha, abbiamo bisogno di aver fiducia nella possibilità di raggiungere l'Emancipazione.

Il Buddha è un simbolo della Realizzazione dell'Emancipazione. Avere fiducia nel Buddha vuol dire aver fede nella possibilità di arrivare all'Illuminazione. La fiducia nel Dharma significa una buona volontà di fare esperienza, una buona disposizione a metterla in pratica per vedere se funziona. Buddha ha detto: "Mettete in pratica i miei insegnamenti. Se funzionano, usateli, se non funzionano, scartateli". Ma per mettere in pratica il Dharma ci deve essere una mentalità aperta, una fiducia in quegli insegnamenti.

Infine, la fiducia nel Sangha. Siamo separati di molti secoli dal tempo e dallo spazio in cui Buddha insegnò. Ciò che ci collega agli insegnamenti del Buddha, che completa il circuito, è la Comunità Buddhista, le persone trasformate che hanno fatto esperienza degli insegnamenti, che li hanno praticati e che sono nella condizione di poterci aiutare.

Riepilogando, le ipotesi di lavoro di cui abbiamo necessità per sviluppare la fiducia iniziale sono la Legge del karma, le Quattro Nobili Verità e i Tre Gioielli. Con questo possiamo raggiungere una fede incrollabile. Questa fede non è influenzata da ingordigia, rabbia, ignoranza e paura. Di queste, le prime tre sono gli aspetti psicologici di base ovvero le influenze emotive negative. Quando abbiamo realizzato una fede salda, non abbandoneremo più la nostra fiducia in queste ipotesi di lavoro a causa dell'avidità, della rabbia o dell'ignoranza. Non saremo tentati di allontanarci dal nostro impegno verso la trasformazione della mente, per esempio, dal desiderio di guadagnare una grande quantità di denaro o dalla rabbia verso altri individui o dalla paura delle nostre colpe.

La fiducia incrollabile si coltiva mediante la considerazione e la memoria del desiderio della meta e attraverso un compimento graduale dei metodi, in modo tale da portarci il più vicino possibile allo scopo.

L'importanza del Prendere Rifugio

Guardiamo ora al primo passo tangibile, effettivo, sul cammino verso la felicità e la libertà nella tradizione Buddhista della trasformazione della mente. Questo primo passo è la Presa di Rifugio.

Qual è l'importanza del prendere Rifugio ?

Ogni tentativo di trasformare radicalmente l'esperienza è destinato ad essere un percorso lungo e difficile. Se qualcuno che soffre per una malattia sta per intraprendere un periodo lungo di terapia, ha bisogno di riporre la sua fiducia in qualcosa che lo sostenga e lo aiuti. Nel contesto della trasformazione della mente, c'è una grande distanza tra noi stessi e lo stato emancipato di Liberazione. Occorrerà molto tempo e molto sforzo. Ci saranno difficoltà nell'adempiere ai metodi. Nessun viaggio che viene intrapreso è senza ostacoli.

La pratica del Rifugio è di grande aiuto nel cammino della trasformazione della mente. Nel Buddhismo, si prende Rifugio nei Tre Gioielli per poter essere aiutati lungo il Sentiero verso la Liberazione.

Le ragioni del Prendere Rifugio

Ci sono tre motivazioni per Prendere Rifugio. Queste motivazioni hanno diversi livelli di intensità, nel senso che la prima è la minore e ha le finalità più limitate, la seconda è di media entità, mentre l'ultima presenta le finalità e l'intenzione più alte.

La prima motivazione è la paura o l'ansia. Questa è simile al sentimento che molti di noi talvolta proviamo: siamo tutti ansiosi a causa delle dinamiche che vanno oltre il nostro controllo, per la possibilità di disgrazie non volute che ci possono accadere, per le esperienze di malattia e di morte o altro e cerchiamo in qualche modo di proteggerci da queste eventualità indesiderate. Queste paure o ansie sono centrali anche nella diffusione e nell'evoluzione delle religioni primitive. Qualche volta si dice che le religioni nascono grazie alla paura delle persone e a un certo livello questo è vero, ma si può anche dire che la scienza si sviluppa grazie alle stesse paure e al desiderio di difenderci da circostanze non volute. Questo è il primo tipo di motivazione. E' quello più negativo ed egoistico.

La seconda motivazione è la fiducia, o la fede. Questa è più positiva della prima nel senso che l'azione non è motivata dalla paura. Vuol dire che avendo visto la qualità del Buddha, dei suoi insegnamenti e delle sue Comunità, proviamo fede per le loro qualità eccellenti e per questo si è motivati a prendere Rifugio perché lo consideriamo come qualcosa di prezioso.

La più alta e la più vasta delle tre motivazioni è quella della compassione. Significa che si va a prendere Rifugio non solo per ottenere sicurezza e un accrescimento positivo per se stessi, ma anche per gli altri esseri viventi. Questo è come quando una persona cerca riparo in caso di tempesta. Il suo primo impulso è cercare protezione per se stesso, e questo rende evidente la motivazione di paura. In seguito si cerca un riparo che garantisca una difesa sicura dalla tempesta, in altre parole non ci si rifugerà sotto un albero, ma in un edificio resistente, solido. Ciò corrisponde al Prendere Rifugio al di là della fede, perché si comprende le qualità degli oggetti del Rifugio stesso. Infine, avendo scelto quel luogo per ripararsi, si volgerà lo sguardo altrove, chiamando a sé altre persone nella stessa condizione per offrire loro protezione nel posto più sicuro. Questo è un esempio per la ragione della compassione.

Gli Oggetti di Rifugio

Quando prendiamo Rifugio nei Tre Gioielli, prendiamo Rifugio prima di tutto nel Buddha, nei Suoi due aspetti congiunti. Buddha ha due dimensioni, o due aspetti. Uno è la Sua dimensione trascendentale. Questa non si può esprimere, va oltre il pensiero e le parole. In aggiunta a questa dimensione trascendentale, il Buddha ha anche quella fenomenica o formale, che appare nel mondo. Quando prendiamo Rifugio nel Buddha, dobbiamo comprenderlo nei Suoi due aspetti congiunti. Si può esprimere questo anche in termini di 'libertà da' e di 'libertà verso' qualcosa. In questo senso, l'aspetto trascendentale del Buddha è una espressione della Sua libertà da tutte le cose. E' mediante la realizzazione di questo stato che il Buddha è libero dalla subordinazione al ciclo di nascita e morte.

Con questo il Buddha è libero anche di apparire nel mondo per aiutare gli altri esseri senzienti a raggiungere questa Libertà caratterizzata dai due aspetti congiunti.

Prendiamo Rifugio nel Dharma, ovvero negli insegnamenti, così come sono presenti nella letteratura della tradizione Buddhista e anche nel senso che sono realizzati ed esperiti da noi stessi. Perciò, anche il Dharma ha due aspetti. Ne ha uno esterno, intellettuale – quello in parole e lettere. Inoltre ha un aspetto interno, esperienziale – quello conosciuto e provato attraverso la Realizzazione.

Infine, prendiamo Rifugio nella Comunità di esseri emancipati e illuminati.

Come Prendere Rifugio

Qual'è il modo per prendere Rifugio?

Prima di tutto ritorniamo all'analogia di un viaggio.

Raggiungere la trasformazione totale della nostra esperienza comporta un lungo procedimento. E' come viaggiare verso una città lontana. Se fossimo in viaggio per una città lontana, vorremmo una guida, un sentiero o un veicolo e dei compagni di viaggio. I Tre Gioielli soddisfano queste richieste. Il Buddha è come una guida che ci conduce verso la nostra meta, avendo già fatto il viaggio Egli stesso ha quindi familiarità con il percorso. Per questo motivo, il modo in cui consideriamo il Buddha quando si prende Rifugio è quello di vederlo come una guida.

Guardiamo al Dharma come ad un cammino, come ad un veicolo. Non è un caso che i vari insegnamenti Buddhisti sono chiamati veicoli (yana).

Il Sangha sono i nostri compagni di viaggio, così quando facciamo il viaggio non dobbiamo compierlo da soli. Abbiamo qualcuno con cui condividere la nostra esperienza.

I tre Livelli della Pratica

1. La Pratica di Preparazione

Più esattamente, prendiamo Rifugio attraverso un processo a tre livelli. I tre livelli sono quello di preparazione, quello della pratica effettiva e quello di conclusione, o della 'dedica'.

Nel caso di altre pratiche meditative, la stessa Presa di Rifugio sarà la fase di preparazione e le altre meditazioni saranno la pratica stessa. Ma qui, poiché siamo interessati al prendere Rifugio, sarà esso stesso la pratica effettiva.

Il livello di preparazione è quello di creare le condizioni idonee per prendere Rifugio. Ciò comporta riordinare il luogo in cui si procederà nel prendere Rifugio: è importante perché agisce come simbolo esterno della purificazione e della disposizione della mente. Infatti, per quelli di noi che trascorrono una parte del loro tempo a lavare i piatti o a pulire la casa, questa è una eccellente pratica di meditazione perché è un simbolo di chiarezza della mente dalla confusione dovuta a certe abitudini reattive.

Dopo aver riordinato, possiamo andare oltre e accendere l'incenso, ecc. per creare un ambiente pacifico e ordinato.

2. La Pratica effettiva

Il vero atto della Presa di Rifugio comporta il sedersi davanti ad una immagine del Buddha. Ci si può sedere nella posizione del loto o del semi-loto. L'immagine del Buddha dovrebbe essere a livello degli occhi, in modo che sia facile porre l'attenzione visiva su di Lui. Dovrebbe essere ad una distanza di almeno un metro e mezzo. Dovrebbe essere facilmente visibile (non in ombra) ed essere stabile e ferma (non dovrebbe né vibrare né tremare a causa delle correnti d'aria, ecc.).

Stiamo seduti in questo modo, con la schiena diritta, il collo leggermente piegato, lo sguardo focalizzato sull'immagine, la bocca leggermente aperta e la lingua ripiegata lievemente verso l'alto. Le mani si possono tenere sia adagiate sul grembo con le dita intrecciate e con i pollici che si toccano, oppure si può restare con i palmi delle mani sulle ginocchia, con gli indici e i pollici che si toccano. Seduti in questo modo, si recita la formula del Rifugio come segue:

"Finché avrò raggiunto l'Illuminazione prendo Rifugio nel Buddha, nel Dharma e nel Sangha".

Qui abbiamo una indicazione dell'orientamento particolare della tradizione Mahayana, il cui scopo è la realizzazione della Buddhità: delle due Libertà congiunte. Nella seconda metà della formula si continua dicendo: "Per merito della pratica della generosità e delle altre Perfezioni, possa io ottenere la Buddhità per aiutare tutti gli esseri enzienti".

Il riferimento alla generosità e ad altre azioni positive è relativo al Sentiero del Bodhisattva: il cammino delle Sei Perfezioni, che vedremo più da vicino in un altro capitolo.

3. La Pratica di Conclusione

La pratica effettiva è seguita dalla conclusione, cioè dalla pratica della dedica. Questo è un tipo di focalizzazione dell'energia creata dalla pratica stessa. Si è detto che la dedica è come porre un paralume su una lampadina elettrica. Con una lampadina elettrica scoperta, la luce è diffusa, va in tutte le direzioni. Con un paralume, i raggi di luce si concentrano in una direzione. Allo stesso modo, abbiamo creato una certa energia positiva mediante la pratica di questa meditazione. Avendo creato questa energia, abbiamo bisogno di incanalarla in modo che non si disperda in maniera diffusa. Attraverso una intenzione attiva e consapevole, la vogliamo direzionare verso una meta particolare.

Facciamo questo attraverso la pratica conclusiva della dedica. Qui diciamo:

"Attraverso questo merito possa io raggiungere l'Illuminazione e possano tutti gli esseri senzienti, senza alcuna eccezione, raggiungere l'Illuminazione".

Con la pratica conclusiva della dedica, focalizziamo l'energia positiva creata con la pratica del Rifugio verso l'aspirazione per l'Illuminazione a beneficio di tutti gli esseri senzienti.

I Benefici del Prendere Rifugio

La Presa di Rifugio ha degli effetti positivi importanti. In termini generali, abbiamo già indicato che prendere Rifugio è un sostegno, un aiuto, una struttura: qualcosa che ci sorregge lungo il percorso del Sentiero verso la Liberazione. Inoltre, Prendere Rifugio porta incredibili ed immensi benefici, tali da rappresentare il primo passo di un processo dove il risultato è il raggiungimento della Buddhità. Ecco perché si dice che se il beneficio del prendere Rifugio avesse una forma, se fosse una cosa materiale, l'universo non sarebbe sufficientemente grande per poterlo contenere.

Gli Impegni

Infine, prendere Rifugio implica un certo impegno. Questa assunzione di responsabilità è un orientamento speciale verso i Tre Gioielli e il loro significato. Prendere Rifugio nel Buddha non vuol dire che non si possa continuare ad onorare altre figure religiose, altre incarnazioni dell'eccellenza religiosa, altri Dèi o altri Maestri Sacri. Ma vuol dire che il Buddha, come Guida Spirituale nella pratica di questo cammino, è riconosciuto come Essere Supremo avendo un ruolo esclusivo per realizzare la trasformazione della mente. Questo, in effetti, ha senso. Non si dovrebbe andare da un dottore e in più consultare anche un altro medico. Devi scegliere il tuo dottore, se devi attuare un programma impegnativo di terapia. Puoi decidere di cambiare il tuo medico, ma, dal momento in cui segui un particolare percorso di terapia, è di buon senso porre il tuo dottore in una posizione speciale. Questo è il primo tipo di impegno implicito nel prendere Rifugio.

Il secondo impegno è il rispetto verso il Dharma. La parte essenziale dell'assunzione di responsabilità nel contesto degli insegnamenti è il comportamento del principio e della pratica della non-violenza, così da evitare di recare danno agli altri. Questo è il fondamento dell'etica Buddhista ed è proprio l'impegno di base rispetto agli insegnamenti.

Il rispetto verso il Sangha, il terzo impegno, implica sostenere chi condivide questo orientamento non-violento. Si potrebbe parlare di ciò in termini di mero sostegno ad una comunità Buddhista, ma questo ne sminuirebbe il senso.

Non è tanto importante definirsi Buddhista, ma occorre vivere secondo i Principi Buddhisti. Così, il vincolo verso il Sangha è anche nel coltivare quelle amicizie che seguono un impegno di non-violenza.

CAPITOLO II
OPPORTUNITA' E IMPERMANENZA

Considerare i temi dell'opportunità e dell'impermanenza è molto utile per motivarci a fare gli sforzi necessari per raggiungere la meta dell'Illuminazione. In generale, l'opportunità e l'impermanenza hanno una funzione doppia, o complementare. L'opportunità consiste proprio nel riconoscere l'occasione che abbiamo di trasformare noi stessi e raggiungere l'Illuminazione. Riconoscere l'impermanenza dei fenomeni incita ad impegnarci nel processo di trasformazione e per raggiungere l'Illuminazione senza indugio, proprio perché comprendiamo la natura transitoria di questa opportunità.

La Preziosa Forma Umana

Nella tradizione Buddhista della trasformazione della mente, la prima cosa importante da considerare è la natura preziosa della condizione umana. Qualcuno può ritenere questo come qualcosa di insolito, dato che normalmente si pensa che la tradizione Buddhista enfatizza la sofferenza.

Malgrado la sofferenza sia un aspetto innegabile della vita, e il fatto che i dolori della vecchiaia, della malattia, della morte, della separazione, della frustrazione, ecc. siano indubbiamente una parte della vita, parliamo comunque della natura preziosa della condizione umana. Questo è il riconoscimento del fatto che la condizione umana è quella potenzialmente più vantaggiosa. Il potenziale della forma umana non è il più alto potenziale dell'esistenza consapevole che è l'Illuminazione. Perciò il primo passo da considerare, nell'ottica della natura dell'opportunità è il riconoscimento di quanto sia preziosa la forma umana e il riconoscimento che l'unico scopo valido dell'esistenza dell'uomo dovrebbe essere l'auto-trasformazione.

Si chiede spesso cosa distingue l'essere umano da un animale. Se pensiamo a questo per un attimo, c'è poco che possiamo identificare per distinguere l'uomo dall'animale, se non consideriamo la coscienza religiosa e forse quella estetica e artistica. Questi tipi di consapevolezza distinguono l'umanità dagli animali. Mangiare, dormire e accoppiarsi, ecc. non sono aspetti che differenziano l'uomo dall'animale. E' soltanto nella misura in cui si adopera per l'auto-trasformazione che un essere umano si distingue dalle forme inferiori dell'esistenza cosciente.

Lo scopo degno di rispetto per la forma umana è l'auto-trasformazione per raggiungere la Liberazione e questo scopo può essere realizzato appunto tramite la condizione umana.

La Difficoltà nell'Ottenere la Nascita Umana

1. La causa

Riconoscere il carattere unico e prezioso della condizione umana implica riconoscere la rarità della stessa e con questo la difficoltà di conseguire una nascita umana.

Questo è considerato Tradizionalmente da quattro punti di vista.

In primo luogo, la difficoltà di nascere come essere umano è particolarmente grande dal punto di vista della causa.

Le cause principali per ottenere la nascita umana sono le azioni meritevoli – e le azioni che non sono motivate dal desiderio, dalla rabbia e dall'illusione sono purtroppo relativamente rare. Se esaminiamo la nostra condotta e quella degli altri, possiamo notare che la quantità di azioni libere da tracce di desiderio, rabbia e illusione sono veramente rare. Perciò, visto che le azioni virtuose sono rare, è difficile ottenere la nascita umana dal punto di vista della sua causa.

2. Il numero

Secondo, la nascita umana è difficile da ottenere dal punto di vista del numero. Ciò vuol dire che se calcoliamo il numero totale degli esseri senzienti, quelli umani (benché ce ne siano più di ei miliardi (nel 2002 ndr) sono relativamente pochi. L'equazione pende ancora di più dall'altra parte se contestualizzata nella tradizione Buddhista, che tiene conto degli altri regni di esistenza (quelli degli esseri infernali, degli spiriti affamati, degli animali, dei semi-Dèi e degli Dèi); ma anche se lasciamo fuori gli altri regni e confrontiamo semplicemente il numero degli esseri umani con quello degli animali, predominano i non-umani. Perciò dal punto di vista del numero la condizione dell'uomo è una rarità.

3. Le Metafore

Il terzo dei quattro modi in cui considerare la difficoltà di raggiungere la forma umana è spiegato da diversi esempi. Uno di quelli più usati dal Buddha riguarda una tartaruga cieca che vive in fondo all'oceano e di un giogo che galleggia sulla superficie dell'oceano, mosso dal vento e dalle onde. Se la tartaruga viene alla superficie dell'oceano una volta ogni cento anni, le occasioni di quella tartaruga di portare la sua testa all'aperto ed infilarla in quel giogo sono simili a quella di realizzare una nascita umana, piuttosto che quella in un altro regno. Si dice anche che se si gettasse una manciata di piselli contro un muro di pietra, le possibilità che uno di quei piselli si infilasse in una crepa del muro sarebbero davvero poche, e allo stesso modo sono poche le possibilità di nascere tra gli uomini.

4. La Natura della Nascita Umana

Il quarto punto di vista nel considerare la difficoltà di ottenere una nascita umana si trova nella natura della nascita umana stessa. A questo punto si riconosce la differenziazione della natura particolare, o della qualità, delle diverse nascite umane.

Non è sufficiente essere nati come essere umani per gioire pienamente del potenziale, ovvero dell'opportunità, che la forma umana potenzialmente comporta. Per esempio, essendo nati in un villaggio etiopico, se pure come esseri umani, non avremmo tutte quelle opportunità per lo sviluppo e la trasformazione dell'esperienza che la nascita umana può offrire in altri luoghi.

Per riepilogare, considerando questi quattro modi di vedere – nei termini di causa, numero, esempio e natura particolare di certe condizioni umane – sottolineiamo la difficoltà e la rarità del raggiungere una forma umana.

Iniziamo dunque a vedere l'intenzione che c'è dietro tutte queste considerazioni. Molti di noi, a dispetto delle circostanze relativamente fortunate, si lamentano delle nostre difficoltà, sia nei confronti di altre forme di esistenza che anche rispetto a molti altri esseri umani. Invece, abbiamo incalcolabili opportunità per uno sviluppo positivo, per trasformare la natura della nostra esperienza e per influenzare le esperienze altrui.

Le Otto Libertà

Esiste una elaborazione ulteriore di questa idea della rarità e del carattere prezioso della forma umana nella tradizione Buddhista. Se ne parla di solito nei termini delle 'diciotto condizioni', ovvero delle 'otto libertà' e delle 'dieci condizioni positive'. In alcuni Testi sono riportate come le 'felici coincidenze'.

Per comprendere le 'otto libertà', abbiamo la necessità di intendere l'esistenza negli altri regni secondo la tradizione Buddhista.

Le prime quattro delle 'otto libertà' si riferiscono alla libertà dalla nascita in uno degli altri regni: quello degli esseri infernali, degli spiriti affamati, degli animali, dei semi-Dèi e degli Dei. Nel Buddhismo rinascere tra gli Dèi non è cosa da desiderare, perché essi sono distratti dai loro piaceri e trovano difficile dedicarsi all'auto-trasformazione. Non hanno quello stimolo dato dalla frustrazione e dall'ansia, quel sentimento che qualcosa non vada troppo bene, che induce a cercare di fare meglio.

La quinta libertà è quella dalla nascita tra le persone illetterate, tra le comunità che non hanno accesso all'istruzione e alle tecniche di auto-trasformazione.

La sesta è la libertà dalla nascita tra persone che sono ostili e che rifiutano la pratica dell'auto-emancipazione.

La settima è la libertà dall'aver commesso azioni ingiuste di grande entità. Queste includono il parricidio e il matricidio. L'energia negativa di tali azioni si dice possa ostacolare la possibilità di procedere nel Cammino dell'Illuminazione.

L'ottava libertà è quella rispetto all'essere nati in una condizione in cui i propri sensi sono difettosi, imperfetti. Questo lo si deve comprendere prima di tutto nei termini di ciò che nel Buddhismo è considerato il sesto senso – cioè la mente che percepisce le idee, i concetti, ecc. Siamo qui interessati perciò alle carenze e ai limiti della mente. Se la capacità della mente di comprendere le idee è menomata, indebolita, ovviamente ci sarà un impedimento a seguire il sentiero dell'auto-trasformazione.

I Dieci Doni Naturali

Accanto a queste 'otto libertà', ci sono anche dieci circostanze positive, o dieci doni naturali. Sono divisi in due gruppi. I primi cinque sono interiori: hanno a che fare con le proprie qualità individuali. I secondi cinque sono esteriori: hanno a che fare con l'ambiente di una persona o con le sue condizioni. I primi cinque sono paralleli, o complementari, ad alcune delle libertà considerate in precedenza.

Innanzitutto, si deve nascere come essere umano. Secondariamente, bisogna nascere in un regno "centrale". Questo significa un regno dove si possa avere accesso all'istruzione e alle tecniche di auto-trasformazione. Terzo, occorre avere dei sensi efficienti, avere una mente non menomata. Quarto, è necessario avere fiducia, o fede: un atteggiamento positivo verso il processo di auto-emancipazione. Quinto, si deve avere accumulato il potenziale positivo che si ottiene attraverso l'attuazione di azioni benefiche.

Queste sono le cinque circostanze interiori positive.

Quelle esteriori sono, prima di tutto, nascere al momento giusto. Vuol dire che si dovrebbe nascere in un epoca in cui è apparso un Essere Illuminato.

Secondariamente, si dovrebbe nascere in un momento in cui vengono insegnati i metodi di auto-trasformazione. In altre parole, non deve soltanto esserci stato un Buddha, ma deve aver insegnato i metodi di auto-emancipazione. Terzo, questi insegnamenti devono continuare ad esistere: se i Suoi insegnamenti non fossero sopravvissuti fino ai giorni nostri, questo fatto non sarebbe certo un dono naturale positivo. Quarto, dovrebbero esserci dei seguaci sul cammino dell'auto-trasformazione in modo tale da aiutarci nel nostro osservare gli insegnamenti. Infine, dovrebbero esserci degli aiuti per i nostri sforzi. Questi potrebbero assumere la forma di un aiuto morale, o di quello psicologico, o materiale, come l'esistenza di monasteri, templi, scuole, ecc.

Riepilogando, le 'otto libertà' e i 'dieci doni naturali' insieme completano la 'felice coincidenza'. Se consideriamo la rarità del compimento delle condizioni negative e positive che portano all'auto-emancipazione, riconosceremo che è estremamente raro avere una simile opportunità, praticamente unica.

Infatti, si dice che chiunque usi l'opportunità della forma umana in modo sbagliato, chiunque perda tale occasione per l'auto-trasformazione e per raggiungere l'Illuminazione, sarebbe una persona insensata come colui che usasse un vaso di gemme come sputacchiera.

Di una tale persona pienamente dotata si dice anche che la forma umana è come un gioiello che esaudisce i desideri perché, se usata correttamente, essa può risultare nella realizzazione di ogni meta appropriata per il conseguimento dell'Illuminazione.

Se non si riuscisse a utilizzare quelle condizioni opportune per lo scopo dell'auto-trasformazione e per progredire verso l'Illuminazione, si sprecherebbe un'occasione di cui non si sa quando si ripresenterà di nuovo.

Lo scopo di considerare l'esistenza umana come cosa preziosa e di ricordare la difficoltà di ottenerla insieme alle condizioni appropriate serve ad incoraggiare la pratica dell'auto-emancipazione: la pratica del Dharma. Avendo questa notevole opportunità, non si dovrebbe sprecarla. Ma riconoscere che abbiamo queste circostanze adeguate non è sufficiente. Dobbiamo riconoscerne anche la transitorietà: l'impermanenza di questa opportunità.

Per comprendere tutte le implicazioni di avere una tale occasione, dovremmo considerare il fatto della precarietà, l'instabilità o il cambiamento.

L'impermanenza è una dottrina cardine del Buddhismo. E' la prima delle 'tre caratteristiche universali' della realtà condizionata: l'impermanenza, la sofferenza e il non-sé.

Ovviamente, il Buddhismo non è il solo ad aver riconosciuto l'importanza e il significato dell'impermanenza. Il più famoso pensatore nella tradizione greca a convenire sull'importanza e sul significato dell'impermanenza fu Eraclito, il quale disse: "Non puoi entrare nello stesso fiume due volte "

Nella tradizione Buddhista, si dice che l'universo consiste di tre piani dell'esistenza (*dhatu*). Il primo di questi è il 'regno del desiderio', cioè il regno dei sensi: quello in cui gli esseri senzienti sono dominati, appunto, dai desideri dei sensi. Questo stato include domini inferiori – quelli degli animali e degli esseri umani – così come i regni di alcuni Dei.

Al di sopra del reame dei sensi, c'è il 'reame della forma'. Qui abbiamo degli esseri la cui esistenza è materiale, ma che non sono assoggettati ai desideri stimolati dai sensi.

Sopra al 'regno della forma', abbiamo il 'reame senza forma' degli esseri immateriali, spirituali.

Tutti questi regni dell'universo sono impermanenti e transitori, come le nuvole. Nascita e morte, si dice, sono come i movimenti dei ballerini impegnati in una danza. La vita stessa è come il bagliore di un lampo, come una cascata. Queste sono alcune delle metafore usate nella letteratura della Perfezione della Saggezza (*Prajnaparamita*) per descrivere l'impermanenza.

Ogni cosa intorno a noi cambia molto rapidamente, in ogni momento. In ogni istante, le cose si modificano. Niente rimane uguale a se stesso nemmeno per un attimo. Ora siamo tutti diversi da come eravamo ieri e anche differenti da ciò che eravamo un secondo fa.

Questo è stato ampiamente sostenuto dalla scienza. La maggior parte delle cellule del nostro corpo vengono sostituite in vari periodi di tempo. Anche quelle cellule che non sono rimpiazzate, come quelle nervose, sottostanno a modificazioni costanti negli elementi al loro interno. Perfino nel nostro corpo c'è un costante processo di mutazione, come nell'intero universo fisico.

L'Impermanenza

Nella tradizione Buddhista, un punto molto speciale è dato dal fatto che ricordare l'impermanenza e il cambiamento è uno schema efficiente di insegnamento. Si dice che ricordarsi e comprendere la transitorietà siano maestri straordinari, secondi soltanto alla comprensione della Verità Suprema. La consapevolezza dell'impermanenza è un antidoto al desiderio e alla sofferenza. E' anche una chiave per comprendere la realtà ultima, un incentivo per praticare, per impegnarci.

Come mai è così? Comprendere l'impermanenza è un antidoto al desiderio. Quanti nostri desideri e ostilità perdono di significato se ci ricordiamo dell'impermanenza, tenendo a mente che le situazioni cambiano ogni momento, ogni giorno, ogni mese, ogni anno delle nostre vite. Avere a mente la transitorietà è un antidoto contro la sofferenza perché in questo modo anche le situazioni infelici possono essere sopportate più facilmente. Così come i momenti di felicità, le situazioni infelici sono provvisorie: non continueranno per sempre.

Rammentarsi della precarietà è uno stimolo, un incentivo addizionale a praticare il Dharma. Questo perché se teniamo a mente la transitorietà delle cose, che la vita e la morte si susseguono l'un l'altra così rapidamente come i movimenti dei ballerini in una danza, allora sapremo riconoscere che questa nostra forma umana con le sue condizioni è impermanente. Può svanire in ogni momento.

Infine, ricordarsi l'impermanenza pone di fronte a che cos'è la realtà ultima. Questo perché la realtà ultima, il modo in cui le cose sono veramente, si basa sull'impermanenza.

L'impermanenza implica l'inconsistenza della nostra identità e dei fenomeni. Cosa vogliamo dire con questo? In una situazione in cui la nostra persona, ciò che chiamiamo "Io", è in costante cambiamento, non possiamo parlarne nei termini di un individuo immutabile, dalle caratteristiche sempre uguali. Questa è la Dottrina Buddhista del non-sé (*anatman*).

Questa dottrina del non-sé non rifiuta la continuità. Non respinge la nozione che c'è una relazione tra momenti diversi del processo di trasformazione dell'identità. C'è una continuità tra ciò che eravamo un'ora fa, o un anno fa, e quello che siamo ora, ma non c'è alcuna identità. Questa mancanza di identità è una conseguenza logica dell'impermanenza. Se i fattori che strutturano la personalità – materia, emozioni, percezione, volontà e mente – cambiano costantemente, se non restano gli stessi per un solo momento, allora non c'è spazio per qualsiasi sé indipendente, permanente, immutabile. E' in questo modo che l'Insegnamento Buddhista dell'assenza del sé deriva dalla comprensione dell'impermanenza.

Proprio come l'Insegnamento dell'inconsistenza dell'identità deriva dalla transitorietà, anche l'inconsistenza di identità dei fenomeni deriva dall'impermanenza. Questo perché in una situazione caratterizzata da un cambiamento costante, non possiamo parlare di un fenomeno identico, duraturo e stabile.

Riconoscere l'inconsistenza della personalità e dei fenomeni nel loro insieme implica ciò che nel Buddhismo viene chiamato vacuità (shunyata). La stessa parola shunyata può indurre in alcune interpretazioni errate.

La vacuità potrebbe suggerire un vuoto, un nulla, qualcosa che non è. Ma la vacuità non è esattamente questo. Shunyata non vuol dire solo vacuità, ma anche volume, come quella di un palloncino. Significa essere gonfio, fecondo. Questa vacuità non è il nulla. Piuttosto è indeterminazione, fluidità, dinamismo, relatività. In altre parole, ha una potenzialità indeterminata e senza confini. E' l'assenza di una natura definita e statica.

È questa vacuità che fornisce l'apertura in cui possono realizzarsi l'auto-emancipazione e l'auto-trasformazione. E' la vacuità che permette la possibilità della creatività, della modificazione della nostra esperienza e di quella degli altri - dall'essere caratterizzata dalla sofferenza ad essere contraddistinta dalla libertà.

Questo perché in una situazione nella quale le persone e le cose hanno una loro propria natura definitiva, niente potrebbe mai cambiare. Nessun essere umano ignorante potrebbe diventare istruito. Non ci sarebbe né movimento né crescita. E' la vacuità che fornisce la potenzialità che rende possibile crescita.

Questo è anche vero quando parliamo dei fenomeni, perché il modo in cui li comprendiamo è fondamentale per il nostro procedere sul Sentiero. Se comprendiamo i fenomeni in un certo modo, allora essi possono ostacolare il nostro progresso, mentre se li comprendiamo in un altro modo lo possono migliorare.

Quindi, non è importante quello che i fenomeni sono di per sé, perché di per sé sono vacui: è piuttosto la nostra comprensione e attitudine verso di essi che è importante.

C'è un detto di un esistenzialista francese poco conosciuto che nel 1940 scrisse:

"Un coltello non è né vero né falso. Ma chi lo afferra dalla parte della lama è sicuramente in errore".

È così che sono i fenomeni, gli oggetti. Non sono né buoni né cattivi in se stessi, sono vuoti. Non hanno una loro identità intrinseca. Non hanno un proprio carattere di per sé. Dipende da come li prendiamo. Se lo facciamo in un certo modo, progrediamo verso l'auto-trasformazione. Se li prendiamo in un altro modo, invece, essi ci possono danneggiare e creare sofferenza.

Quindi, comprendere l'impermanenza è molto importante. Comprendendola, saremo in grado di capire l'inconsistenza dell'identità personale e quella dei fenomeni. Così comprenderemo la vacuità, cioè la dinamica, aperta ed infinitamente potente natura della realtà.

Shunyata vuol dire anche zero che di per sé è il nulla, senza il quale, però, non avremmo 10, 100, ecc. Si dovrebbe anche sottolineare che queste idee non sono importanti solo in un senso metafisico e trascendentale. Sono nozioni che trovano molte applicazioni reali nella nostra vita. Nessuno può riuscire nella propria professione o nella vita personale senza un certo tipo di comprensione dell'impermanenza e dell'inconsistenza delle cose. Se non intendiamo l'impermanenza, non siamo in grado di cambiare nel corso del tempo, né di adattarci, né di far fronte alla tecnologia e alle situazioni nuove. Se non comprendiamo l'inconsistenza dell'identità, faremo l'errore di credere che le persone intorno a noi, i nostri amici e colleghi, sono immutabili e statici e non saremmo in grado di affrontare le relazioni personali con una mentalità aperta, in modo positivo.

La morte

La considerazione della morte è un elemento molto importante nella trasformazione Buddhista della mente. E' uno dei fondamenti della Meditazione Buddhista. La meditazione sulla morte è l'inizio di un serio sviluppo mentale. Separa realmente gli uomini dai ragazzi, in termini di trasformazione della mente stessa. Si dice che dal momento in cui entriamo nel grembo materno ci muoviamo verso la morte. Da quel momento, ogni passo ci porterà sempre più vicino alla morte. Siamo come dei prigionieri sotto sentenza di morte, aspettando che arrivi l'ordine. Siamo come pesci in una rete.

In un testo antico viene chiesto se abbiamo mai visto animali andare al macello. Quando un macellaio va a prendere un pollo per sopprimerlo, gli altri si ammassano da una parte per un certo periodo di tempo precipitandosi verso la zona più lontana del recinto. Quando uno di loro viene afferrato ed ucciso, gli altri poi tornano indietro a graffiare il terreno, cercando semi di grano. Tutti noi siamo così. Ci muoviamo inesorabilmente verso la morte e anche quando vediamo la morte, per quanto possiamo essere commossi forse per quel momento, in seguito andiamo dietro ai nostri affari. Cerchiamo di fare del nostro meglio per dimenticare la morte.

Questo è particolarmente vero in Occidente. In India non viene fatto alcun tentativo per nascondere la morte. In Occidente, appena qualcuno muore, il suo corpo viene portato all'obitorio e vestito per apparire anche meglio di quando era in vita. Tutti abbiamo bisogno di riconoscere la certezza della morte. Quando meditiamo sull'inevitabilità della morte, pensiamo se qualcuno è mai sfuggito ad essa. Non c'è. Non c'è assolutamente alcuna possibilità di poterla sfuggire. È assolutamente certa.

Mentre la morte è necessariamente sicura, ciò che è in ogni caso incerto è quando moriremo. Nessuno sa quando morirà. Si dice che la vita è come una fiamma al vento o come una bolla in un ruscello: può sparire in qualsiasi momento.

Comprendere che è assolutamente certo che moriremo, ma che non esiste alcuna indicazione quando succederà, dovrebbe portarci a praticare l'auto-emancipazione senza indugio. Si dice che, se i nostri capelli stessero per prendere fuoco, li spegneremmo immediatamente senza alcuna esitazione. Allo stesso modo, dovremmo praticare l'auto-trasformazione senza metterla da parte, perché in un qualsiasi momento le nostre condizioni opportune potrebbero venir meno. Ricordando le difficoltà per ottenere la forma umana – il fatto che le ragioni per conseguirla sono relativamente rare, che il numero degli esseri umani è relativamente basso - e la natura stessa della nascita umana, è importante cogliere questa situazione propizia ora. Non dovremmo solo praticare il Dharma, ma dobbiamo farlo senza perdere tempo: in modo tale che, quando arriva il momento della morte, non avremo alcun motivo di rimpianto.

Abbiamo parlato dei tre livelli di pratica – quella di preparazione, quella effettiva e la dedica. La pratica di preparazione, precedentemente discussa, consisteva nella creazione di un ambiente idoneo per la trasformazione della mente, perché la pratica effettiva è quella della Presa di Rifugio. La pratica di preparazione da trattare a questo punto è quella del prendere Rifugio, così come succede per tutte le varie meditazioni che andremo a considerare. D'ora in avanti, la pratica di preparazione sarà quella del prendere Rifugio. Non vuol dire che ci dovremo sedere a meditare in una stanza disordinata – significa che le istruzioni precedenti sono date per scontate. Prendiamo Rifugio per darci stabilità, è un aiuto istituzionale. La meditazione sulla morte può fare un po' paura, ma ci aiuta avere un sostegno.

La formula del Rifugio dovrebbe essere ripetuta almeno tre volte. Perché tre ?

"Tre" è il numero più piccolo di ripetizioni che si possono fare, rappresentativo della propria determinazione e di quella di molti. Se lo facciamo una volta potremmo non essere sufficientemente seri. Ma due volte è meglio, anche se i numeri pari non sono dinamici, né creativi: sono stabili e statici. Il "tre" dimostra che veramente intendiamo fare quello, e in più è un numero dispari. Tende verso la pluralità. Il numero tre può anche essere stato scelto poiché nell'antico linguaggio indiano, dove abbiamo tre tipi di numeri – uno singolare, uno duale ed uno plurale e quest'ultimo si riferisce al "tre" – il "due" non è veramente plurale.

La Meditazione sulle Condizioni Appropriate

Avendo preso Rifugio, andiamo avanti prendendo in considerazione in primo luogo le condizioni favorevoli.

Dovremmo ricordarci il più possibile queste istruzioni, considerando la rarità della situazione dell'uomo e della particolare opportunità che ha. Oltre alle otto libertà e ai dieci doni naturali, abbiamo ulteriori vantaggi. Per esempio, viviamo in società che sono sufficientemente ricche da avere tempo per praticare il Dharma: non ci viene richiesto di trascorrere tutto il tempo e di usare tutta l'energia semplicemente per restare in vita. È bene far scorrere questa consapevolezza nella nostra mente!

A questo riguardo, nel Buddhismo, si individuano tre fasi per raggiungere la Saggezza. Sono lo studio (leggere e ascoltare), la considerazione e la meditazione. Il livello iniziale è completato attraverso la familiarità con gli insegnamenti, con i metodi e con le componenti del cammino verso l'auto-trasformazione. La seconda fase è quella di far scorrere tutto ciò avanti e indietro nella mente finché non diventa familiare, finché non iniziamo a farla diventare una parte della nostra attrezzatura mentale, una nostra attitudine. Non lo si dovrebbe fare in modo casuale, ma piuttosto dopo aver recitato il Rifugio. Ci sediamo e consideriamo la rarità della nascita umana e in modo particolare la rarità della nostra stessa situazione. La consapevolezza della preziosità della propria condizione è importante perché generalmente nella meditazione non è positivo non considerarla, dobbiamo collegarla alla nostra situazione personale .

La Meditazione sulla Morte

Questo è anche vero per la meditazione sulla morte. Non è abbastanza meditare semplicemente sulla morte in maniera astratta e generale. E' opportuno farlo sulla propria morte, sul fatto che anche noi moriremo. Proprio perché teniamo in gran considerazione la rarità e la natura appropriata della forma umana, trattiamo qui la certezza della morte, del fatto che nessuno può sfuggirne e dell'incertezza del momento in cui moriremo.

Avendo meditato in questo modo per tutto il tempo che possiamo rimanere a nostro agio, comodi, procediamo allora verso la fase conclusiva della meditazione, cioè quella che riguarda la dedica.

A questo punto, focalizziamo l'energia risvegliata attraverso la pratica meditativa sull'Illuminazione nostra e di tutti gli esseri viventi.

E' importante notare qui che all'inizio è buona cosa non trascorrere troppo tempo a meditare. E' di massima importanza l'indicazione che ci si dovrebbe trovare a proprio agio con la meditazione, esserne felici. Non si dovrebbe sviluppare un atteggiamento negativo verso la meditazione, pensando: "Mannaggia, è ora di meditare di nuovo. Che seccatura, non vedo l'ora che finisca".

E' meglio non trascorrervi troppo tempo all'inizio, Dieci o quindici minuti sono sufficienti.

Spesso c'è un divario tra i nostri atteggiamenti contemporanei e quelli tradizionali circa l'educazione alle pratiche della trasformazione della mente. Nel 20° secolo, ci siamo molto abituati all'idea dei risultati istantanei. Vogliamo che le cose succedano molto rapidamente. Abbiamo caffè istantanei, pranzi al TV, ecc. C'è quindi una tendenza di sbrigare le cose molto velocemente.

C'è un Maestro Tibetano negli Stati Uniti che dice che molti di noi vogliono qualcosa di assai elaborato quando cerchiamo delle tecniche meditative. Vogliamo elicotteri e aeroplani. Non vogliamo camminare. Questo è vero soprattutto per tante persone che vengono alla tradizione Tibetana a causa del fascino dell'apparenza esotica della Meditazione Tantrica.

Tuttavia, anche per le meditazioni sulla morte, sulla sofferenza, sull'impermanenza e sul Rifugio occorrono settimane, mesi e alcune volte anni di pratica prima che si possano cogliere gli aspetti più peculiari delle pratiche. Parliamo qui della trasformazione di un modo di vivere, di un modo di pensare. Se hai sviluppato certe abitudini e modi di pensare per venti o trenta anni, essi non possono essere cambiati nel corso di sei mesi o di un anno.

La trasformazione della mente è efficace, ma richiede tempo. E' importante intraprenderla partendo dagli aspetti di base, con i principi fondamentali. Una volta che le fondamenta si sono stabilizzate, allora si progredisce più velocemente.

Per meditare sulle condizioni favorevoli e sulla morte, usiamo lo stesso sistema e la stessa struttura descritta in termini di contesto e di postura. Come azione preliminare adottiamo il Rifugio. Ci avvaliamo di quello che abbiamo imparato riguardo alle condizioni appropriate, alla rarità e al carattere prezioso della forma umana, alla certezza della morte e all'incertezza del momento della morte, come oggetti di meditazione. Questo aiuterà la nostra meditazione seduta, strutturata e organizzata.

Ma, come ho cercato di sottolineare, la trasformazione della mente non si ferma lì. Non si dovrebbe essere separati, isolati all'interno di un breve spazio di meditazione. La meditazione dovrebbe contaminare e inondare la vita di tutti i giorni, in modo da occupare col tempo ogni momento della nostra esistenza. Vedendo gli esseri umani che sono malati o poveri, ma nonostante questo hanno libertà e doni positivi, ci può ricordare le opportunità che abbiamo noi.

Per quanto riguarda la meditazione sulla morte, si possono usare molti momenti propizi della vita di tutti i giorni per riflettere sulla sicurezza della morte e sull'incertezza del momento in cui avverrà. Questa meditazione può essere stimolata anche quando abbiamo notizie riguardanti persone in condizioni meno fortunate di noi oppure quando si vedono degli insetti che vengono uccisi.

Inoltre, mentre stiamo seduti fra gli amici, si può pensare che, anche se le cose stanno così adesso, ci sarà un tempo in cui saremo separati da queste persone, un tempo in cui moriremo. Quando indossiamo dei bei vestiti, si può riflettere che pur vestendoci con abiti belli, arriverà un tempo nel quale questo corpo sarà in decomposizione.

In questo modo si mantiene una costante consapevolezza della morte. Può sembrare raccapricciante, ma non lo è. E' un modo per raggiungere un certo tipo di maturità nel proprio atteggiamento verso se stessi, verso la nostra situazione e quella degli altri esseri senzienti.

Quando parliamo del riconoscimento dei fatti della vita – come, per esempio, l'impermanenza, la certezza della morte, ecc. – abbiamo bisogno di sforzarci per raggiungere il nostro stato di maturità e fermezza.

La meditazione sulla morte stimola questa crescita e questo equilibrio psicologico – invece ci sono delle persone che litigano, anche per qualcosa di poca importanza, e poi nutrono ostilità per anni e anni. Molti casi di questo tipo di nutrimento di energia negativa potrebbero essere eliminati se avessimo una idea matura dell'impermanenza e della morte. Ci metterebbe in una prospettiva maggiormente cosciente per quanto riguarda la propria posizione e le relazioni personali.

Anche comprare una casa lussuosa appare meno importante se ci rendiamo conto che moriremo. Quindi, queste meditazioni portano ad una maturità psicologica ed è per questo che ci vengono proposte.

CAPITOLO III
FRUSTRAZIONE E KARMA

L'Esperienza Impura

L'esperienza di *"dukkha"* è stata spesso chiamata la pietra angolare o il fondamento degli insegnamenti del Buddha. È il principale elemento-base negli insegnamenti del Buddha. La ragione per cui ho citato il termine originale sanscrito è per via del fatto che è particolarmente difficile esprimere una traduzione diretta o un vocabolo che includa esattamente il significato di *"dukkha"*.

È per questo che c'è una varietà di traduzioni usate per questa parola. Alcuni usano sofferenza, altri lutto, frustrazione, miseria o dolore. Non importa davvero molto quale termine venga usato se si è consapevoli del fatto che tale parola comprende una vasta gamma di significati – l'ambito completo di ciò che chiamiamo esperienze di tensione, di infelicità e di tristezza.

La conoscenza della sofferenza è qualcosa che implica non solo la sfera superficiale e relativamente limitata di una risposta emotiva, ma che si estende anche nelle aree psicologiche e meditative. Perciò non si tratta solo del dolore della mente e del corpo. È anche insoddisfazione, inquietudine e agitazione del corpo e della mente: una qualità irrisolta riguardante la natura della nostra esperienza.

Abbiamo qui tre ambiti generali a cui si può applicare il termine e il concetto di "dukkha". C'è l'esperienza dell'infelicità, della frustrazione e del dolore sia mentale che fisico e della insoddisfazione, dell'irrequietezza o del disagio.

Possiamo identificare l'inizio del ruolo di sofferenza e frustrazione negli insegnamenti del Buddha nelle descrizioni dei suoi primi anni di vita. Alcuni dei racconti meno mitizzati appaiono nel Canone Pali dove si racconta che il Buddha rifletteva sulle sue esperienze prima di abbandonare la vita familiare. Meditava anche sul grande sforzo per l'Illuminazione.

In uno di questi "Sutta", chiamato il "Sutta del Grande Sforzo", il Buddha parla delle esperienze che ha avuto in gioventù riguardo al suo incontro con la vecchiaia, la malattia e la morte.

Nei resoconti biografici più fantasiosi del Buddha, possiamo anche trovare dei racconti romanzati. Si dice che il padre del Buddha desiderava che suo figlio ereditasse il proprio regno. Per evitare che il figlio rinunciasse al mondo, prese delle precauzioni per proteggere il giovane principe dalla realtà della vita, dal dover vedere vecchiaia, malattia e morte. Questi racconti parlano di come il principe arrivò all'età adulta senza essersi imbattuto precocemente in queste realtà della vita e di come arrivò invece a vedere la vecchiaia, la malattia e la morte durante escursioni fuori dal palazzo.

Ma con le sue stesse parole il Buddha semplicemente disse: "Quando ero ancora giovane, incontrai per caso le figure della vecchiaia, della malattia e della morte – un vecchio, un uomo malato e un cadavere – e mi sentii a disagio. Mi sentii disturbato da quell'incontro. Pensai fra me e me, questo è certamente importante, visto che anch'io non sono a riparo da vecchiaia, malattia e morte. Ma già allora trovandomi in quella situazione mi sentii irrequieto, a disagio, infelice; mi sentii disturbato".

Avendo avuto queste esperienze, il giovane principe decise non semplicemente di cercare di ignorare questo problema attraverso l'oppio dei piaceri sensuali, ma piuttosto di trovare una soluzione alla situazione della sofferenza.

Nella biografia del Buddha troviamo questo precoce incontro con la vecchiaia, con la malattia e con la morte, questa sofferenza che accade a tutti noi. Tutti facciamo esperienza di queste situazioni nella nostra vita. Certamente possiamo ricordare un tempo nella nostra esistenza quando per la prima volta ci siamo resi consapevoli della realtà della morte – attraverso la morte di un parente o di un animale prediletto, o diventando coscienti di una seria malattia invalidante facendo visita ad un parente in ospedale, o avendo esperienza del decadimento della vecchiaia, ecc.

L'esperienza o la questione della sofferenza, che è la pietra angolare degli insegnamenti del Buddha, è una esperienza che possiamo tutti osservare o sperimentare in noi stessi. È in un certo senso l'esperienza più comune per tutti gli esseri senzienti, per tutta la vita cosciente.

In Occidente, Descartes iniziò la sua filosofia con il principio: "Penso, quindi esisto". Ma non tutti gli esseri viventi sono pensanti. Ciò che tutti gli esseri viventi hanno in comune è il vissuto della sofferenza.

In questo contesto può essere sollevata la domanda, considerando l'atteggiamento del Buddhismo nel suo insieme, se in effetti è un Insegnamento ottimistico, pessimistico o realistico. Non è un segno di ottimismo ignorare la realtà della situazione. Lo struzzo che nasconde la testa nella sabbia non è un essere ottimistico: è semplicemente un essere sciocco. Se il Buddha avesse terminato i suoi insegnamenti con la sofferenza, allora potremmo dire con ragione che la sua Dottrina sarebbe stata pessimistica. Tuttavia, sebbene la sofferenza sia il punto di inizio dei suoi insegnamenti, lo scopo degli insegnamenti del Buddha è la fine della sofferenza.

Se consideriamo la totalità degli insegnamenti del Buddha, non possiamo onestamente considerarli pessimistici. In breve, il riconoscimento della realtà del dolore, dell'ansia, della frustrazione o dell'afflizione, è un'espressione dell'osservazione oggettiva di una situazione. L'uso della sofferenza o della frustrazione come punto di partenza in un sistema religioso, filosofico è stato un ostacolo per l'insegnamento del Buddhismo in Occidente.

Solo quando la nostra cultura maturerà e riusciremo a perdere quel nostro ottimismo un po' immaturo che ha caratterizzato le prime decadi della rivoluzione tecnologica e industriale, sarà più facile accettare la realtà delle condizioni umane e riconoscere che non tutto è come vorremmo che fosse.

I sei Regni dell'Esistenza

La sofferenza non è ristretta solo alla condizione umana. Si estende alle condizioni in cui tutti gli esseri senzienti vivono. Qui abbiamo la concezione Buddhista del *Samsara*, l'esperienza ripetuta di nascita e morte nei vari stati dell'esistenza.

Ci sono modi diversi di dividere il ciclo del *Samsara*. Un sistema popolare usato nella tradizione Theravada è la divisione del *Samsara* in trentuno piani di esistenza. Nel Mahayana, benché questo frazionamento in trentuno stati non è del tutto scomparso, c'è una ripartizione più comune dell'esistenza in sei regni. Essi sono quello degli esseri infernali, degli spiriti affamati, degli animali, degli esseri umani, dei semi-dei e degli Dèi. Tutti questi sei domini sono caratterizzati dalla sofferenza ad un certo grado o ad un altro. Ecco perché si dice che la caratteristica essenziale del *Samsara* è la sofferenza, allo stesso modo che quella del fuoco è il calore. Qui dobbiamo distinguere tra le caratteristiche essenziali e quelle accidentali. Per esempio, non è la caratteristica principale del caffè di essere caldo, ma quando viene esposto al calore del fuoco diventa caldo. Così il calore del caffè è acquisito, non è quindi una prerogativa sostanziale. Ma il calore del fuoco è una caratteristica intrinseca del fuoco stesso. Nello stesso modo, la sofferenza è una caratteristica essenziale, intrinseca del *Samsara*.

Questo è il caso non solo nel regno degli esseri infernali, degli spiriti affamati, degli animali e degli esseri umani, ma anche nei regni dei semi-dei e degli Dèi. L'intero ciclo dell'esistenza condizionata degli esseri senzienti è caratterizzato dal dolore.

Questo comunque non vuol dire che non ci sia felicità. Certamente c'è la felicità, ma dura per un periodo breve. In un certo senso diventa un'occasione indiretta di sofferenza, a causa della sua impermanenza. Anche quella felicità della quale abbiamo esperienze brevi può diventare una fonte di frustrazione e di dolore, se tentiamo di fermarla, di trattenerla.

La ragione perché trascorriamo così tanto tempo a contemplare e a cercare di comprendere l'esperienza della sofferenza è per liberarci dagli attaccamenti, dato che la contemplazione della sofferenza è un antidoto contro lo squilibrio emotivo causato da avarizia o attaccamenti.

Le tre Categorie della Sofferenza

Diamo uno sguardo alle tre suddivisioni generali della sofferenza che possiamo incontrare nei sei regni: si tratta della 'sofferenza della sofferenza', della 'sofferenza del cambiamento' e della 'sofferenza dell'esistenza condizionata'.

La 'sofferenza della sofferenza' si riferisce all'esperienza del dolore nei tre domini inferiori dell'esistenza: quello degli esseri infernali, quello degli spiriti affamati e quello degli animali.

L'espressione 'sofferenza della sofferenza' può sembrare eccessiva, ma esprime bene l'immagine del raddoppiarsi del dolore. Supponiamo che stiate soffrendo a causa di un forte mal di testa e qualcuno venga verso di voi e vi colpisca sulla testa: questa è la 'sofferenza della sofferenza', un dolore raddoppiato.

La 'sofferenza del cambiamento' si riferisce all'esperienza del tormento così come lo troviamo anche nei regni più alti: quelli degli esseri umani, dei semi-dei e degli Dèi.

La 'sofferenza dell'esistenza condizionata' si riferisce all'esperienza del dolore presente in tutti i sei regni.

1. La sofferenza della sofferenza

Il regno degli inferni comprende quelli caldi, quelli freddi e quelli limitrofi.

In questi vari inferni, la sofferenza degli esseri senzienti è estremamente diversa ed intensa. Il dolore negli inferni non si differenzia dal genere di quello che si trova anche in altre religioni. Negli inferni caldi, troviamo esseri che bollono in grandi calderoni o tagliati a pezzi da accette e da seghe. Altri ancora sono imprigionati in case che bruciano, simili per intensità a quella dei forni, e così via. Allo stesso modo, gli esseri negli inferni freddi vivono in un ambiente di un freddo estremo; niente che assomigli a ciò che si vive in condizioni normali.

Le cause di tutte queste sofferenze provate negli inferni sono la cattiva volontà o la rabbia. In altre parole, il risultato delle emozioni distruttive come cattiva volontà, ostilità, rabbia e odio è la rinascita negli inferni. Questo è un esempio del principio della concatenazione tra causa ed effetto – odio, cattiva volontà, rabbia, crudeltà e uccisioni danno come risultato la rinascita negli inferni, dove si è sottoposti a odio, cattiva volontà, rabbia, crudeltà e omicidi.

Il secondo dei sei regni nel *Samsara* che partecipa a questa 'sofferenza della sofferenza' è quello degli spiriti affamati. Essi soffrono di fame e di sete, di caldo e di freddo. Si dice che certe categorie di spiriti affamati hanno stomaci grandi quanto una montagna, la bocca della grandezza della cruna dell'ago e la gola sottile come un capello. Così, benché siano tormentati da fame e sete, hanno grandi difficoltà ad ingerire qualunque cibo o liquido. Quando riescono ad inghiottire qualcosa, è come se non avessero mangiato o bevuto nulla a causa dell'enormità del loro stomaco. Si dice ancora che questi spiriti affamati cercano qua e là cibo e acqua. Qualche volta, a grande distanza, vedono ciò che pensano essere un fiume di acqua fresca o una montagna di riso. Ma poi, quando raggiungono il luogo, trovano solo una striscia di argilla e un mucchio di sassi. Così la loro sofferenza è principalmente caratterizzata da fame e sete.

Come nel caso degli esseri infernali, le cause della rinascita come spiriti affamati sono simili agli effetti. Gli effetti sono fame e sete e l'esigenza di avere quegli oggetti desiderati. Le cause sono la bramosia e l'avarizia. Coloro che non sono capaci di dividere con gli altri, che non hanno altro pensiero tranne che per la continuazione dell'accumulo di benessere per se stessi, sono soggetti alle esperienze di sofferenza degli spiriti affamati. L'attaccamento ossessivo al possesso, al benessere proprio e l'incapacità a dividere con altri danno come risultato la perdita degli oggetti del desiderio.

Il terzo in questa suddivisione del dolore è il regno degli animali. Essi soffrono dell'uccidere e del mangiarsi l'uno con l'altro. Gli animali sono anche soggetti alla depredazione dell'uomo che li uccide per cibo, per divertimento, per la loro pelle, per i denti e per le ossa. Soffrono anche per fame e per sete, per il caldo e per il freddo.

Ci sono varie sofferenze gravi nel dominio degli animali. Naturalmente, oggi abbiamo alcuni animali che godono di un indubbio grado di "lusso", ma questi casi sono relativamente rari. Sono il risultato di una certa energia buona creata nelle vite precedenti.

Come le cause di rinascita negli inferni e tra gli spiriti affamati, quelle di rinascita tra gli animali creano degli effetti simili alle loro cause. In questo caso le cause sono l'ignoranza e la passione. La qualità di vita ossessionata da piaceri e bisogni quasi animaleschi, una vita vissuta senza sviluppare una visione più umana e compassionevole, crea le condizioni per dover vivere le sofferenze degli animali. Per dirlo in termini semplici, coloro che vivono come animali sono propensi a vivere anche la sofferenza degli animali.

2. La sofferenza del Cambiamento

Anche nei reami più fortunati dell'esistenza si trova l'esperienza della sofferenza. In quello degli esseri umani si prova la sofferenza del cambiamento. Ci sono quattro sofferenze inevitabili maggiori: quella della nascita, della vecchiaia, della malattia e della morte. In questo contesto, la nascita è ritenuta sofferenza non solo a causa del dolore che viviamo nel processo di fuoriuscita dall'utero, ma anche perché costituisce il passaggio verso altre afflizioni quali la vecchiaia, la malattia e la morte. Una volta nati è impossibile evitare la successione di vecchiaia, malattia e morte. Proprio come il germoglio seguirà al seme, così la nascita, la vecchiaia e la morte saranno gli effetti del nascere nella condizione umana. Oltre a questa sofferenza, ne abbiamo anche altre. È doloroso essere separati da quelli che amiamo: a causa della morte dell'amato o per una separazione temporanea, soffriamo a causa del cambiamento delle nostre attitudini durante questa separazione temporanea, o assenza inevitabile.

Soffriamo anche venendo a contatto con coloro con cui non andiamo d'accordo. Ci fa soffrire quando lavoriamo con un collega con il quale non ci troviamo bene. Proviamo dolore anche per la frustrazione del desiderio in mancanza di quelle cose che vorremmo, siano essi possedimenti materiali, riconoscimenti, prestigio, promozioni, ecc. In breve, la separazione dalle persone amate, il contatto con coloro che non ci piacciono e non ottenere ciò che vogliamo è sofferenza. Non solo gli esseri umani soffrono, ma anche i semi-dei e gli Dèi. I semi-dei sono come degli esseri umani eccellenti che godono di grande potere e spesso di una maggiore intelligenza rispetto a quella degli esseri umani, ma che non hanno i piaceri tranquilli e sereni degli Dèi. I semi-dei patiscono gelosia e continui conflitti. Dato che la loro situazione è inferiore a quella degli Dèi, sono gelosi della situazione di quest'ultimi. Sono trascinati dalla gelosia in conflitti e di conseguenza ne soffrono.

Le cause della sofferenza nei regni più alti, come quelle dei reami inferiori, sono gli atteggiamenti e le azioni negative e non virtuose – bramosia, cattiva volontà e ignoranza. La differenza è che nei regni più alti queste azioni sfavorevoli sono mitigate da quelle benefiche, da azioni di supporto. Questo è vero anche nel caso della condizione umana dove le sofferenze degli esseri umani sono il risultato di azioni ostili, ma non sono così grandi come i patimenti degli esseri degli stati inferiori perché sono alleviate da comportamenti buoni e virtuosi. I semi-dei godono di una posizione relativamente alta all'interno del ciclo del *Samsara* a causa delle azioni virtuose di generosità compiute nel passato; ma patiscono gelosia e conflitti a causa delle azioni moralmente dannose di invidia e di litigi compiuti nel passato.

Gli Dèi anche se risiedono all'apice dell'esistenza senziente, hanno anche loro esperienze di dolore. Perché? Perché, quando arriva il tempo della loro partenza dai paradisi, soffrono una inesprimibile, incalcolabile angoscia mentale. Gli Dèi sono afflitti in modo inimmaginabile quando percepiscono che stanno per cadere dal loro posto elevato, quando riconoscono che gli effetti della loro energia positiva creata nel passato sta per esaurirsi e quando avvertono che rinasceranno nel regno degli uomini o nei reami sfortunati. A quel punto il dolore si intensifica quando si rendono conto che hanno creato relativamente poco o nessun karma benefico durante il loro tempo nel mondo degli Dei.

3. La Sofferenza dell'Esistenza Condizionata

Quindi, tutti i sei regni sono sottoposti alla sofferenza – la sofferenza della sofferenza e la sofferenza dei cambiamenti – che contribuisce a quello che chiamiamo la sofferenza dell'esistenza condizionata, che è caratterizzata dal riconoscimento del movimento infinito di nascita e morte: la ciclicità eterna del *Samsara* in cui siamo coinvolti fin dall'inizio del tempo.

Si dice che, se tutti gli scheletri delle nostre vite precedenti fossero accatastati gli uni sugli altri, il cumulo sarebbe più alto del Monte Sumeru, la montagna più alta nella cosmologia Buddhista. Se tutto il latte materno che abbiamo bevuto durante le innumerevoli vite fosse raccolto insieme, sarebbe più di tutta l'acqua degli oceani. Il punto è che siamo nati e rinati più e più volte sforzandoci ininterrottamente di raggiungere il successo nella nostra carriera, di guadagnare il pane quotidiano e così via, eppure non abbiamo ancora raggiunto nessun progresso reale.

Ci sono due importanti e potenti simboli usati nel Buddhismo: l'immagine di una ruota e quella di una spirale. Se dirigiamo le nostre energie verso un conseguimento condizionato – guadagnare più denaro, maggior prestigio e anche rinascite più alte, come Dei o semi-dei – proseguiamo la nostra esistenza in questa ruota. È solo quando generiamo una vera rinuncia che iniziamo a rompere quel cerchio ed entriamo in una spirale, che eventualmente ci porterà a qualcosa di diverso.

Il riconoscimento della sofferenza dell'esistenza condizionata, che non porta a nessun cambiamento qualitativo nella natura della nostra esperienza, ci conduce a una vera rinuncia. A questo punto, l'uomo saggio dovrebbe abbandonare tutti gli attaccamenti del ciclo di nascita e morte, allo stesso modo in cui si dovrebbe sputare la saliva dalla bocca.

Perciò, lo scopo della meditazione sulla sofferenza è quello di determinare la correzione delle abitudini di bramosia, degli attaccamenti e di sforzarci nello stesso vecchio modo, tutto ciò all'interno della circolarità del *Samsara*.

Le Cause della Sofferenza

Quali sono le cause della sofferenza nei sei regni ? Le cause sono le afflizioni (*klesha*) e le azioni (*karma*). Le afflizioni sono le forze emotive negative – bramosia, rabbia e ignoranza. L'attitudine negativa principale è l'ignoranza. Essenzialmente, l'ignoranza è la dicotomia tra sé e gli altri. L'ignoranza è credere in un'esistenza indipendente e separata di soggetto e oggetto, fra me e 'quello', fra me e 'te'. Tutti noi presumiamo che ci sia un'esistenza indipendente e separata fra noi stessi e gli altri. Una volta che abbiamo acquisito questa dicotomia tra soggetto e oggetto, abbiamo preparato la base per tendenze emozionali avide e distruttive: l'energia della bramosia e quella della cattiva volontà. Quindi, si cerca di ottenere ciò che contribuisce al beneficio e al piacere per il sé e si evita ciò che non contribuisce al beneficio per il sé. Perciò, l'avidità sorge grazie a ciò che aiuta e sorregge il sé e la cattiva volontà emerge di fronte a ciò che minaccia quel nostro senso di sé.

Con questo ci ritroviamo con la triade emotiva che ha la sua radice nell'ignoranza e che funziona come il baricentro di un triangolo capovolto. E, crescendo al di fuori di tutto questo, abbiamo da una parte il desiderio, la bramosia, l'afferrarsi, gli attaccamenti (l'intero spettro delle emozioni avide) e dall'altra la cattiva volontà, la rabbia, l'odio, la crudeltà, l'ostilità (le emozioni distruttive). Ciò ci induce a creare delle condizioni considerate vantaggiose per noi e a rifiutare quelle credute dannose. Quindi queste emozioni portano ad azioni intenzionali (*karma*) che a loro volta conducono alle caratteristiche particolari della nostra esistenza.

Perciò, in generale, abbiamo due percezioni che insieme ci conducono verso la nostra situazione individuale nel *Samsara* - la percezione illusoria e karmica. Abbiamo la percezione illusoria che è quella di soggetto e oggetto, la separazione fra il sé e l'altro. Questa percezione è qualcosa in cui ogni essere vivente, ogni essere consapevole in ciascuno dei sei regni è implicato, includendo anche la più piccola formica, il più evoluto degli esseri umani e il più alto degli Dèi: è qualcosa che tutti gli esseri senzienti hanno in comune. Inoltre, abbiamo la percezione karmica, che è il risultato delle azioni. Motivato dall'avidità, dalla rabbia e dalla delusione, un individuo agisce in un certo modo e queste azioni risultano in una determinata situazione nel *Samsara*. L'energia karmica, frutto delle nostre azioni, resta con noi oltre la tomba e si proietta nella vita futura. Si incolla a noi come un'ombra. In punto di morte, ci lasciamo dietro le persone amate, le proprietà, ogni cosa tranne il nostro karma.

Recentemente, c'è stata una tendenza ad interpretare i sei regni dell'esistenza da un punto di vista psicologico. In altre parole, la sofferenza degli inferni è in effetti il dolore della crudeltà, della violenza, dell'uccidere e delle torture per come sono vissute dagli esseri umani. I patimenti degli spiriti affamati sono la sofferenza della povertà estrema. La situazione dei semi-dei è quella delle esperienze di potere e di conflitto vissuto da uomini molto potenti. Il vissuto degli Dei è l'esperienza di una felicità tranquilla che è avvertita dagli esseri umani.

Anche se questa interpretazione psicologica dei reami può essere una chiave per comprendere il dolore nei sei regni, non è l'Insegnamento del Buddha. All'interno dei suoi insegnamenti, i sei regni sono intesi per essere accettati in modo reale quanto lo stato degli esseri umani. In altre parole, l'esperienza degli esseri infernali, degli spiriti affamati, degli animali, ecc., è reale come quella degli esseri umani. Nonostante tutte queste esperienze sono prodotte dalla mente, nel contempo sono tutte reali.

La Rinascita

La rinascita è un'idea che molte persone trovano difficile da accettare. Le argomentazioni sulla rinascita seguono tre linee generali. La prima è che il Buddha e i suoi più importanti discepoli hanno testimoniato di aver avuto la capacità di ricordare le loro vite precedenti. La loro testimonianza è riconosciuta nel Buddhismo. Per la seconda possiamo riportare alcuni aspetti empirici per sostenere la questione. Nel tentativo di spiegare talenti o particolari tendenze delle persone, possiamo ricorrere al caso o all'idea di influssi di un'esistenza precedente. Dopo tutto, non è possibile spiegare tutte le diversità tra gli esseri umani in termini di condizioni sociali o di ambiente e così via ed è piuttosto difficile spiegare come mai certe persone sono costituite in un dato modo. L'idea della pre-esistenza, e quindi di rinascita, fornisce questa spiegazione molto accuratamente.

La terza, incrementata negli ultimi anni, è stata una prova sostanziale acquisita dai parapsicologi lavorando con l'ipnosi e con memorie spontanee di vite precedenti che sembra indicare che la rinascita non è un'impossibilità. Anche se ancora non ci sentiamo pronti ad accettare completamente la realtà della rinascita, possiamo certamente ammettere che essa è una possibilità reale. Inoltre, nel contesto della tradizione della trasformazione della mente, credere nella rinascita come un'ipotesi di lavoro contribuisce al progresso e al successo del programma dello sviluppo mentale. Se pensiamo all'idea della rinascita in questi termini, possiamo iniziare ad averne un approccio senza cadere in un irragionevole dogmatismo.

Il Karma

Buddha insegnò l'efficacia e la forza del karma (le azioni intenzionali) come opposte all'efficacia e alla potenza di qualunque potere esterno, di qualsiasi energia impersonale al di fuori dell'uomo che dirige il suo stesso destino. Proprio come abbiamo la legge di azione e reazione che opera nell'universo fisico, nella sfera della realtà psicologica o dell'esperienza psicologica abbiamo la legge del karma. Il karma in questo ambito è coscienza, volontà e azioni intenzionali. È dunque importante notare che il karma non è semplicemente un'azione meccanica. Piuttosto è l'agire con intenzionalità.

L'importanza della componente mentale dell'azione non può essere sottovalutata. Buddha disse che la mente precede tutti gli stati mentali. Sono tutti concepiti dalla mente. Se uno parla o agisce con una mente pura, allora ne deriverà la felicità. Se uno agisce o parla con una mente impura allora la conseguenza sarà la sofferenza. Quindi i sei regni nel *Samsara* sono il risultato della mente, della sua energia ed intenzionalità. Tutte le nostre esperienze sono il risultato di una intenzione, che nella sua fase finale trova la sua espressione nelle azioni. Per esempio, quando allunghiamo il braccio per prendere una tazza, si tratta solo dell'ultima fase del nostro processo mentale volitivo, cioè: il braccio effettivamente si stende e prende la tazzina. Ma quell'atto in realtà è la materializzazione di un intenzione che c'era prima. Il karma è questa specie di azione intenzionale. Gli atti che sono compiuti non intenzionalmente non costituiscono un karma potente.

Attraverso le azioni volontarie intenzionali, formiamo il nostro destino. Perciò, il nostro corpo e la nostra situazione nel mondo sono il risultato della materializzazione dell'energia karmica. Le azioni intenzionali che abbiamo compiuto nel passato hanno condizionato la nostra situazione attuale e quelle compiute ora, assieme a quelle passate, saranno il nostro futuro. E' così che opera il karma – con un elemento del passato e un altro che è costantemente fornito dal presente. C'è quindi una specie di matrice, un tipo di incrocio di fattori condizionati e di libertà.

La situazione in cui ci troviamo in questo momento è il prodotto di azioni del passato, ma siamo sempre liberi di cambiare in ogni momento quella direzione attraverso il risultato di nuove azioni intenzionali.

I Quattro Tipi di Karma

Nel Buddhismo conosciamo quattro tipi di karma: riproduttivo, di sostegno, antagonistico e distruttivo. Queste quattro forme di karma compongono e determinano il corso di una vita.

Il karma riproduttivo è relativo alla natura generale della nostra vita attuale. Il karma di sostegno incrementa e sostiene quel carattere globale della nostra vita presente. Il karma antagonistico indebolisce, disturba o ostacola la nostra direzione generale, mentre quello distruttivo annienta o interrompe quella direzione.

Tradizionalmente Devadatta, il cugino di Buddha, viene usato come esempio per il funzionamento di questi quattro tipi di karma. Abbiamo il karma riproduttivo di Devadatta, che è generalmente di una natura salutare, benefica e fortunata. Nacque con molti doni naturali. Era nato come un essere umano ed era anche nato in una famiglia nobile. Il karma che aveva generato nella sua vita precedente era in generale positivo e quel karma riproduttivo stabiliva lo scenario per la sua vita attuale. Il suo karma di sostegno aumentava quel tono generale. Da giovane, si unì all'Ordine e divenne un monaco. Questo è un ulteriore karma vantaggioso che sostiene il carattere generale del suo karma riproduttivo. Ma, più tardi nella sua vita, Devadatta causò uno scisma nell'Ordine dei monaci per la sua gelosia e il suo egoismo. Questo è un karma antagonistico poiché esso modificò la condizione positiva del karma riproduttivo e di quello di sostegno. Infine, quando Devadatta tentò di uccidere il Buddha, ritroviamo una manifestazione di karma distruttivo, che determina la fine della sua situazione vantaggiosa. Perciò, ci sono quattro tipi di karma – due che danno il carattere generale alla vita e due che si oppongono a quella tendenza generale.

Ma non vuol dire che i primi due sono sempre buoni e i secondi cattivi. Per esempio, se un karma riproduttivo è cattivo, uno nasce in condizioni di povertà estrema, non avendo accesso all'istruzione e così via. Il karma di sostegno di quel karma riproduttivo sosterrebbe un carattere generalmente negativo del karma riproduttivo, come per esempio l'indulgenza ad un comportamento sessuale riprovevole o fare tratta di schiavi in un periodo della propria vita.

Il karma antagonistico e quello distruttivo sarebbero allora quei karma che si oppongono al carattere generale di quello riproduttivo e di quello di sostegno. Quindi, abbiamo quattro tipi di karma che creano la situazione generale, la aumentano, la contrastano e persino distruggono la direzione principale iniziale e in maggiore o minor grado operano comunque nella vita dell'individuo. In alcuni casi, ci può essere un karma contrastante di scarsa importanza. In altri, il karma distruttivo può essere assente. Ci sarà sempre tuttavia il karma riproduttivo che darà il carattere generale alla vita presente.

Il Karma di breve durata e il Karma di lunga durata

Gli effetti del karma possono essere esperiti in questa vita, in quella prossima o anche dopo molte vite. La legge del karma è una forza analoga alla legge di azione e reazione che opera nell'universo fisico. Inoltre possiamo fare il paragone con la legge della conservazione dell'energia, in quanto gli effetti del karma non sono necessariamente immediati. Il loro avvenire dipende da una combinazione di cause e condizioni. Possono verificarsi immediatamente o sopraggiungere solo dopo un certo periodo. Possiamo osservare questo parallelismo anche in casi molto semplici. Ad esempio, se piantiamo dei semi di anguria o di cetriolo, possiamo avere i frutti nell'arco di pochi mesi. Ma nel caso di altre piante, come noci o il frutto Durian, avremo i frutti solo dopo molti anni. Allo stesso modo, il karma ha effetti a breve e a lungo termine.

Il Peso del Karma

La legge del karma è un sistema molto puntuale ed equilibrato. Non è una dottrina semplicistica. Un'azione intenzionale può essere divisa in varie fasi – l'intenzione iniziale, l'azione e il completamento dell'azione. L'intenzione di per sé ha un certo peso. L'intenzione combinata con l'azione ne presenta uno maggiore. L'intenzione, l'azione e l'esecuzione dell'azione insieme hanno il peso più grande.

Così, per esempio, una persona può avere l'intenzione di uccidere, ma può non mettere in atto quell'intenzione. Questo comporterà un certo peso karmico. Ma se uno ha l'intenzione di uccidere e la mette in pratica, la conseguenza di quel karma sarà di maggiore gravità. E se l'azione si completa nella morte della vittima, allora quel karma avrà un effetto ancora più grave.

Ci sono anche sistemi più raffinati per valutare la forza del karma. Uno di questi utilizza cinque fattori per stabilire il peso del karma. I cinque fattori si dividono in due categorie – quella soggettiva e quella oggettiva. In altre parole, gli aspetti che hanno a che fare con l'agente dell'azione e quelli che hanno a che fare con l'oggetto o la persona verso cui l'azione viene diretta.

Il primo dei fattori è la persistenza o la ripetizione delle azioni. Perciò, un'azione isolata non ha lo stesso peso di quella ripetuta. Se si compie una particolare azione una volta ogni tanto, essa ha conseguenze minori di una compiuta ripetutamente.

Il secondo fattore è l'intenzione. Se si compie un atto a proposito, esso ha maggior peso rispetto ad un'azione portata avanti non intenzionalmente o con poca intenzione.

Il terzo: se si compie un'azione senza riluttanza o rimpianto, questa avrà un peso più grande. Questi sono i tre fattori relativi alla condizione dell'agente di un azione. Un esempio concreto di ciò è quello di una persona che uccide con perseveranza, che uccide ripetutamente con un grande determinazione e il cui atto non è contrastato da riluttanza o rammarico.

Poi ci sono due fattori che riguardano l'oggetto verso il quale l'azione è diretta. Il primo è la qualità o lo stato dell'oggetto e il secondo è la natura della relazione tra l'oggetto e l'autore del gesto. Per esempio, se uno uccide un Buddha, la forza di quell'atto è molto maggiore di quanto poteva essere l'uccisione di una formica. Se si uccide un genitore o qualcuno da cui si ha ricevuto vantaggi e buone azioni, allora il peso di quell'atto sarà maggiore di chi ha ucciso una zanzara che gli ha trasmesso la malaria.

Quindi, non è solo la situazione soggettiva, ovvero quella dell'autore dell'azione, che determina la gravità del karma, ma anche la condizione oggettiva, lo stato degli esseri e delle loro relazioni. Solo prendendo in considerazione i fattori soggettivi e oggettivi si può valutare l'effettivo peso del karma ed è così che determina e forma il proprio stato. Perciò non si deve avere paura se si uccide casualmente una formica.

Le Azioni Negative

Per capire il karma abbiamo bisogno di guardare tre aspetti: la natura del karma stesso, i suoi effetti e, infine, come applicare la consapevolezza dovuta all'osservazione della natura e degli effetti del karma.

Riguardo la natura del karma, vediamo che è composto da tre tipi generali: negativo, positivo e neutrale. Il karma negativo (o svantaggioso) è rappresentato dall'azione intenzionale che è motivata dalle tre energie emotive negative: l'ignoranza, il desiderio e la rabbia. Si dice che proprio come un seme velenoso darà origine ad una pianta velenosa, così le azioni non benefiche compiute con i tre tipi di motivazione genereranno sofferenza o infelicità.

Complessivamente, ci sono dieci azioni negative – tre del corpo, quattro della voce e tre della mente. Le tre azioni non virtuose del corpo sono uccidere, rubare e una cattiva condotta sessuale. La negatività della condotta sessuale è relativa alla violazione del principio di rispetto per le relazioni personali e per le persone stesse. Se esiste una certa relazione definita e accettata tra due individui, come per esempio il rapporto di matrimonio, allora un atto sessuale che simboleggia una mancanza di riguardo per quella relazione è valutato come un cattivo comportamento sessuale. Un altro esempio di violazione del principio di rispetto per una persona è quando viene messa in atto una forzatura sessuale che trasgredisce il rispetto e l'integrità di un individuo. Così i rapporti sessuali, come sono definiti nel Buddhismo, non precludono in alcun modo qualunque tipo di relazione, ma viene incoraggiato il rispetto nelle relazioni personali e l'integrità della persona stessa.

Le quattro azioni negative della voce sono: mentire; parlare male o ribattere; parlare in modo duro e ingiurioso; fare delle chiacchiere oziose o parlare in modo malizioso. Il parlare ozioso non vuol dire che non possiamo parlare, ad esempio, del tempo. Implica il divertirsi della debolezza, dei difetti e delle sventure degli altri. In breve, divertirsi alle spalle degli altri.

Le tre azioni negative della mente sono l'avidità, la rabbia e l'ignoranza. Vuol dire volere le cose buone degli altri, desiderare la loro disgrazia e avere una visione illusoria, male interpretata della realtà.

I frutti o gli effetti di queste azioni non benefiche possono essere di quattro tipi.

Per primo, abbiamo il 'frutto completamente maturato', l'effetto completo è una rinascita in uno dei tre regni inferiori. I frutti maturi dell'azione provocata dalla rabbia sono una rinascita negli inferni, mentre il desiderio porta ad una rinascita come spirito affamato e l'ignoranza fa rinascere tra gli animali.

Secondo: l'esito karmico può anche essere esperito in maniera simile all'atto compiuto senza necessariamente avere la conseguenza della rinascita in un regno infelice. Per esempio, se il gesto di uccidere non matura l'effetto completo, porterà ad una vita di breve durata e piena di paure e di separazione dalle persone amate, se si rinasce come essere umano. Questi sono gli effetti simili alle cause – uccidere, che è privare gli altri della vita si attuerà in una vita di scarsa lunghezza, in paure, paranoie, ecc. Un altro esempio dell'effetto simile alla causa è il caso del rubare. Anche se la persona non è rinata come spirito affamato, rubare porterà a povertà, all'incapacità di guadagnarsi i mezzi di sostentamento in modo indipendente.

La terza forma in cui può risultare la conseguenza di un'azione può essere il rafforzamento delle abitudini. Compiere un omicidio in una vita precedente può comportare una tendenza ad uccidere anche in questa vita.

Infine, l'effetto si può sentire nella condizione del proprio ambiente. Così, sebbene si possa nascere come essere umano e non in un dominio inferiore, le proprie circostanze saranno pregiudicate dalle azioni negative del passato: se una persona ha ucciso tante volte, può nascere in un ambiente dove le condizioni circostanti sono piene di paure o cose paurose.

E' in questi quattro modi che gli effetti del karma vengono esperiti. Tutte le infelicità e le sofferenze che proviamo sono il risultato di azioni dannose. Sapendo questo, ci si dovrebbe sforzare di abbandonare gli atti negativi. Nel fare così, si può migliorare l'equilibrio del proprio karma. Si può cambiare la natura della propria esperienza da una situazione infelice ad una più felice. Per questo occorre un certo tempo, ma non c'è dubbio che accadrà.

Le Azioni Positive

Così come le azioni negative sono motivate da tre emozioni negative, le azioni benefiche sono compiute in assenza di queste emozioni negative.

Le azioni benefiche sono come dei semi di piante officinali, che risultano in frutti curativi. Porteranno alla felicità.

Gli atti positivi sono quelli prodotti da comportamenti opposti alle tre afflizioni. Piuttosto che essere generati dal desiderio, avremo quelli nati dalla rinuncia o dal distacco. Invece che azioni motivate dalla cattiva volontà, avremo quelle originate da amore e compassione. Piuttosto di fare gesti provocati dall'ignoranza, avremo azioni motivate dalla Saggezza.

Queste motivazioni positive porteranno al compimento delle azioni benefiche come generosità, compassione e così via. Questi atti favorevoli comporteranno sia risultati completi – rinascita tra gli uomini, tra i semi-dei o gli Dèi – sia risultati simili alle cause come, per esempio, la protezione della vita che produce una lunga vita, o atti di generosità che conducono ad essere benestanti. Rafforzare le abitudini positive come la generosità consoliderà e creerà la base per opere di bontà che altrimenti verrebbero revocate e annullate nella vita successiva, e così via. Infine, il proprio ambiente circostante tenderà verso azioni virtuose come risultato dalle azioni benefiche compiute nel passato.

Come la comprensione dei comportamenti negativi e dei loro effetti nefasti dovrebbe portarci a rinunciare alle azioni dannose, così i risultati benefici delle azioni meritevoli ci dovrebbe condurre a coltivare azioni positive. Ciò significa anche che non dovremmo mai tralasciare le piccole azioni buone pensando che non vale la pena compierle. Forse preferiamo fare atti eroici molto teatrali e ben visibili, ma alla fine anche le goccioline di acqua riempiranno un secchio.

Le Azioni Neutre

Le azioni neutre sono quelle compiute senza intenzione, come mettere casualmente i piedi su un insetto o fare cose che non hanno particolari conseguenze morali. Vuol dire che non influenzano l'esistenza e la felicità degli altri esseri. Le azioni di questa categoria includono il camminare, il dormire, il viaggiare e il lavoro manuale. Sono chiamate neutre o prive di effetti perché non producono karma. Un'attenzione speciale è data alle azioni neutre perché trascorriamo molto tempo con questo tipo di azioni. Perché dovrebbe essere sprecato tutto questo tempo? Perché non trasformiamo gli atti neutri in quelli positivi attraverso il potere della mente? Dopo tutto, il karma è un'azione intenzionale e la componente mentale è molto importante.

Ci sono metodi specifici usati per trasformare le azioni neutre in benefiche mediante il risveglio consapevole dell'intenzione, come nel caso della dedica dei meriti, dove attraverso una direzione conscia dell'energia la si può focalizzare verso un particolare scopo positivo. Così, quando usciamo di casa per andare a lavorare, possiamo trasformare quella azione neutra in una intenzionalmente positiva pensando: "Mentre sto uscendo di casa: possano tutti gli esseri percorrere il sentiero dell'Illuminazione, possano tutti gli esseri iniziare il processo di auto-trasformazione".

Allo stesso modo, quando torniamo a casa dopo il lavoro, possiamo pensare: "Mentre sto ritornando a casa: possano tutti gli esseri raggiungere la meta dell'auto-trasformazione, possano tutti gli esseri raggiungere l'Illuminazione". Ancora, quando mi impegno nelle pulizie, posso pensare: "Mentre lavo questi piatti, possano tutti gli esseri purificarsi dalle afflizioni della bramosia, della rabbia e dell'ignoranza". Quando incontriamo un'altra persona, possiamo pensare: "Così come incontro questa persona, possano tutti gli esseri incontrare un Essere Illuminato". Ancora, quando si va a dormire, si può pensare: "Così come vado a dormire, possano tutti gli esseri raggiungere il Dharmakaya", e quando ci svegliamo "Possano tutti gli esseri raggiungere il Rupakaya".

In questo modo, possiamo trasformare gradualmente le azioni neutre in quelle positive. Questo si chiama la meditazione nell'azione. Attraverso questi metodi, possiamo accelerare il nostro progresso lungo il cammino della trasformazione della mente.

L'Originazione Interdipendente

Il karma insieme alle emozioni negative porta a quella particolare situazione in cui ci troviamo. In termini molto ampi, questo è l'Insegnamento Buddhista dell'origine interdipendente.

Classicamente, è formata da dodici componenti. Ma è facile perdersi nel ragionamento della concatenazione dei dodici anelli quando ci si impegna in un ragionamento sulla nascita interdipendente. In senso lato, l'originazione interdipendente può essere suddivisa in tre parti generali – afflizione (*klesha*), azione (*karma*) e rinascita e sofferenza (*dukkha*).

Le afflizioni mentali del desiderio, della rabbia e dell'ignoranza (*klesha*) ci portano ad agire (*karma*). Le afflizioni e il karma, combinandosi, portano a rinascita e sofferenza nei sei regni (*dukkha*). L'esperienza della sofferenza nei sei regni rinforza queste afflizioni attraverso l'abitudine del desiderio, della cattiva volontà e della dicotomia tra il sé e l'altro. Quindi, abbiamo uno schema circolare all'interno del quale le emozioni negative condizionano le azioni, le quali influenzano rinascita e sofferenza che a loro volta rinforzano le afflizioni.

La nostra esistenza non è indipendente, è un'esistenza condizionata dai *klesha* e dal karma. La nostra situazione specifica di vita è il risultato della combinazione tra afflizioni e azioni. Questo è il modo in cui si genera la rinascita.

Ciò implica che la nostra esistenza è caratterizzata dal non-sé: in noi non c'è alcuna essenza identica a se stessa che si replica attraverso una serie di vite. In altri termini, non c'è alcuna identità reale esistente in una mia vita precedente o che esisterà in una mia vita successiva: il fiume ha una continuità, ma non ha alcuna identità durante il suo corso: non è né lo stesso né diverso.

In questo senso l'origine interdipendente determina un'esistenza che dipende dai *klesha* e dal karma. Evita le due alternative: si sottrae a quella dell'identità e della permanenza da una parte e a quella della differenza e della discontinuità dall'altra.

Adottiamo un esempio per illustrare quanto detto. Quando un maestro insegna ad uno studente, questi acquisisce il materiale trasmessogli dal maestro. Ma la conoscenza ottenuta dall'allievo e quella dell'insegnante non sono la stessa cosa. Non c'è una reale identità tra la conoscenza del maestro e quella dello studente. Allo stesso tempo, la conoscenza dell'insegnante è la causa del sapere posseduto ora dal discepolo. D'altronde, quando un'immagine si riflette nello specchio, l'immagine nello specchio non è identica all'oggetto ma l'immagine nello specchio è l'effetto dell'oggetto rispecchiato. Così non è né identica né del tutto differente. L'immagine è condizionata dal soggetto.

Lo stesso tipo di relazione esiste tra questa vita e quella prossima. Questa vita particolare è la causa della sofferenza della vita successiva. Condiziona la prossima esistenza. In questo senso, abbiamo la continuità di causa ed effetto.

La Meditazione sulla Frustrazione e sul Karma

Per meditare sulla sofferenza e sul karma usiamo il materiale già considerato, lo personalizziamo. Quando contempliamo la sofferenza, pensiamo a quella dei sei regni e in special modo a ciò che sarebbe se fossimo noi a viverla in prima persona. Poi riflettiamo soprattutto sulla nostra situazione, sul dolore che viviamo nella nostra condizione. Quando contempliamo il karma, richiamiamo alla mente le azioni positive e quelle negative. In particolare, ci ricordiamo quelle negative commesse nel passato che sono diventate la causa della nostra infelicità e sofferenza qui e adesso. Riconoscendo questo, ci sforzeremo particolarmente per compiere una rinuncia reale. Decidiamo di abbandonare gli atti negativi.

CAPITOLO IV
AMORE E COMPASSIONE

L'Esperienza della Trasformazione

La sofferenza dei sei regni e il karma sono stati spiegati in precedenza, completando così la rappresentazione della visione impura – quella illusoria, che è motivata dalla dicotomia del sé e dell'altro e dall'esperienza karmica, che è la forma specifica della propria esperienza costituita dal proprio karma. Sono visioni impure perché riguardano la sofferenza e le sue cause – azioni negative come bramosia, rabbia e illusione. Sviluppare distacco e rinuncia contrasta la visione impura e per sviluppare distacco prendiamo in considerazione il dolore dei sei regni e le cause della sofferenza.

Se per contrastare la visione impura si deve coltivare il distacco, nel caso dell'esperienza della trasformazione il compito primario è quello di coltivare amore, compassione e il pensiero ovvero la Mente dell'Illuminazione.

Questa coltivazione allontana le emozioni negative fondamentali: laddove si coltiva il distacco si elimina la bramosia e il desiderio, e dove si coltiva l'amore e la compassione si rimuove la cattiva volontà e la rabbia mentre coltivare il Pensiero dell'Illuminazione e la Saggezza rimuove l'ignoranza.

Ora andiamo oltre la prima fase, in cui ci si libera dagli attaccamenti, verso una trasformazione totale della nostra esperienza: parleremo del primo passo nell'esperienza della trasformazione, ossia della coltivazione di amore e compassione.

Amore e compassione rimuovono cattiva volontà e rabbia e indirettamente indeboliscono l'attaccamento al sé. Questo perché, dal momento in cui coltiviamo l'idea di uguaglianza di tutti gli esseri viventi, implicito nel coltivare amore e compassione, anche se questo sarà affrontato e allontanato direttamente soltanto nella fase specifica del coltivare il pensiero o la Mente d'Illuminazione.

L'importanza dell'amore e della compassione è stata riconosciuta non solo nella tradizione che stiamo prendendo in considerazione, ma nell'intera tradizione Buddhista. In essa si dice che colui il quale coltiva amore e compassione troverà la felicità ovunque andrà. Allo stesso modo in cui, coprendo i piedi di cuoio è come se l'intera superficie del pianeta ne fosse ricoperta, la mente ispirata da amore e compassione incontrerà benessere ovunque andrà.

Come in tutti gli insegnamenti Buddisti, troviamo i primi esempi dell'importanza di amore e compassione nella vita del Buddha stesso. Se prendiamo in esame i racconti biografici della vita di Buddha, incontreremo un gran numero di casi che esprimono vivamente la qualità dell'amore e della compassione del Buddha. Uno di questi è quello che riguarda un uccello e un verme.

Nella tradizione Pali, troviamo il racconto della presenza del Buddha ad una cerimonia di aratura quando era bambino. Nel processo di aratura del terreno, un verme fu dissotterrato. Dopo questo evento, un uccello scese giù dal cielo, prese il verme nel suo becco e lo inghiottì rapidamente. Ci sono altre narrazioni in cui questo episodio è stato elaborato. Secondo la tradizione Mahayana, c'era una rana che fu portata allo scoperto dall'aratro ed era un serpente a divorare la rana. Qualunque sia la versione, il punto è abbastanza chiaro. E' un ciclo di cacciatori e prede all'interno del quale gli esseri viventi sopravvivono grazie all'uccisione di altri esseri. La contemplazione del caso portò il giovane principe a riflettere sulla sofferenza della vita e a riconoscere la necessità di trovare un modo per eliminare questo ciclo di sofferenza.

Più tardi, durante la vita del Buddha, troviamo la storia di un monaco di nome Tissa che aveva una malattia infettiva e gli altri membri della comunità monastica furono disgustati nel dargli le cure necessarie a causa della natura infettiva e del carattere particolarmente ripugnante della sua infermità. Allora il Buddha curò personalmente il monaco malato e con le sue mani pulì, medicò e fasciò le piaghe.

L'Essenza del Mahayana

Abbiamo parlato della transizione dal movimento iniziale di distacco a quello secondario di sviluppo positivo, vediamo ora alcuni esempi di condotta etico-morale nei due schemi generali all'interno della tradizione Buddhista. Questi schemi sono stati indicati dal Buddha stesso quando riassunse i suoi insegnamenti riguardo all'azione, dicendo: "Astenersi dal recare danno agli altri, fare del bene e cercare di portare giovamento agli altri".

Questi due grandi principi fondamentali sono anche riportati nei due codici morali che troviamo nel Buddhismo – i precetti "Pratimoksha" (che hanno a che fare con la Liberazione individuale e che sono essenzialmente un codice negativo, dato che i precetti riguardano l'evitare di recare danno agli altri) e gli impegni o Voti del Bodhisattva, che sono gli aspetti concomitanti positivi del codice negativo Pratimoksha, visto che prevedono di aiutare attivamente gli altri. L'essenza di questi Voti del Bodhisattva, (che sono prescritti per coloro il cui interesse primario è quello di alleviare la sofferenza non soltanto propria ma quella di tutti gli esseri senzienti) è la regola di aiutare gli altri ogni qualvolta sia possibile.

Questo è il principale orientamento del Mahayana. Possiamo riconoscere l'inizio del Mahayana già nel percorso del Buddha Sakyamuni il quale, dopo la sua Illuminazione, trascorse un certo numero di settimane vicino a Bodhagaya dove avvennero due eventi molto significativi durante quel periodo. Prima di tutto Buddha è stato tentato da Mara (il simbolo del desiderio sensuale, della morte e del decadimento) per indurlo ad entrare subito nel Nirvana. E' molto importante che ciò venga descritto come una tentazione in questa tradizione.

Ciò che trattiamo qui è la presentazione di una scelta, biograficamente per il Buddha, ma filosoficamente per tutti quelli che sono interessati alla tradizione Buddhista: quella di cercare la Liberazione solo per se stessi o per tutti gli esseri viventi. Buddha considerò il cercare la libertà per se stesso come una tentazione e scelse di non farlo. Decise di insegnare la sua esperienza dell'Illuminazione a quelli che sono in grado di apprezzarla. La volontà di mettere da parte la propria libertà personale per la Liberazione di tutti gli esseri senzienti può essere vista come l'inizio dell'orientamento essenziale del Mahayana. Ecco perché si dice che la compassione è l'essenza del Mahayana.

L'uguaglianza di Tutti gli Esseri Viventi

Questa idea di amore e compassione nel Mahayana e nel Buddhismo in generale si fonda sul riconoscimento della fondamentale parità, o uguaglianza, di tutti gli esseri viventi. Il modo più semplice per formulare questa idea è quello di dire che ciascuno di noi vuole essere felice ed evitare la sofferenza. Questo è sempre vero, indipendentemente se parliamo della condizione degli esseri umani, degli animali o di altre forme di esistenza cosciente. Essere consapevole è sinonimo della volontà di provare felicità e di evitare il dolore. Proprio come io desidero di essere felice e di liberarmi dalla sofferenza, allo stesso modo tutti gli altri esseri viventi aspirano alla felicità e ad evitare la sofferenza. Questa non è solo la base per coltivare amore e compassione, ma lo è anche per l'etica e la moralità Buddhista. Questo perché il principio generale del non recare danno agli altri vieta certi comportamenti: occorre evitare di rubare, di mentire e di avere un comportamento sessuale scorretto. Tutti questi comportamenti si basano sul riconoscimento fondamentale dell'uguaglianza e della parità tra se stessi e gli altri.

Così come non voglio essere ucciso, derubato, ecc., nella stessa maniera tutti gli esseri senzienti non vogliono essere uccisi, derubati, ecc. Questa uguaglianza di base è stata riconosciuta da altri Maestri religiosi, come per esempio Confucio e Gesù.

Le Emozioni Sociali Positive

L'amore e la compassione appaiono nella tradizione Buddhista in due ambiti correlati ma distinti – i Quattro Incommensurabili (*Brahmavihara*), o ciò che ho chiamato le emozioni sociali positive, ed il risveglio del pensiero o della Mente d'Illuminazione.

Le quattro Brahmavihara sono: amore, compassione, gioia empatica ed equanimità. Sono chiamate emozioni sociali perché si riferiscono alla vita collettiva. Dobbiamo comprendere la vita sociale non soltanto nei termini della realtà umana, ma includendo tutti gli esseri senzienti, cioè tutte le altre forme di vita. Sono chiamate "meditazioni incommensurabili" perché gli esseri senzienti sono illimitati. Stiamo quindi parlando di un'evoluzione che va dall'amore e dalla compassione ordinari e limitati, dalla gioia altruistica e dall'equanimità semplice, verso l'amore e la compassione infinita, la gioia e l'equanimità senza limiti.

Il miglior modo per descrivere queste emozioni positive è quello di prendere in considerazione un paio di esempi dalla vita di tutti i giorni. Talvolta tutti noi sperimentiamo l'amore – amore per i nostri genitori, per gli esseri umani, per un animale prediletto, ecc. Nel contesto Buddhista, questo tipo di amore è il desiderio che l'oggetto del nostro amore stia bene e sia felice. Questo genere di amore è limitato. Non è amore universale, perché limitato o circoscritto ad un individuo o ad un gruppo particolare. Benché questo fornisca le basi su cui coltivare un più grande amore, a questo livello però non è amore illimitato.

Lo stesso vale per la compassione. Abbiamo tutti sentito il desiderio di sollevare noi stessi e gli altri dalla sofferenza. Questo è un esempio di compassione, ma non lo è in modo illimitato.

Inoltre, questo è vero anche per la 'gioia empatica', per esempio nel caso in cui i nostri amici o parenti ottengono un successo, è grazie al fatto che ci identifichiamo con loro e che li consideriamo come una parte di noi, che sentiamo la 'gioia simpatetica empatica'. Ma finché si confina esclusivamente ad un individuo o gruppo, non può essere chiamata grande gioia altruistica.

Lo stesso vale per l'equanimità: possiamo provare un certo *distacco* verso coloro che non conosciamo, ma allora la nostra equanimità non è estesa a tutti gli esseri senzienti, senza alcuna eccezione. Coltivare emozioni sociali positive richiede l'allargamento graduale di queste emozioni, dalla loro forma limitata nella vita di tutti i giorni, fino ad includere tutti gli esseri senzienti. Quell'ampliamento è possibile grazie alla fondamentale uguaglianza di tutti gli esseri senzienti. Ci sono metodi particolari per estendere queste emozioni sociali positive, di cui parleremo più avanti.

Risvegliare il Bodhicitta

Coltivare amore e compassione sono i primi passi per il risveglio del Pensiero dell'Illuminazione (*Bodhicitta*). Cos'è il Bodhicitta? Bodhicitta è l'aspirazione a raggiungere la Libertà non solo per se stessi ma per tutti gli esseri senzienti. Chi ha questa aspirazione è un Bodhisattva. Il beneficio per se stessi e per gli altri è sempre stato importante nel Buddhismo. C'è la storia dei tre monaci che incontrarono un assassino nella foresta. Avevano tre scelte. Uno disse: "Uccidimi e risparmia gli altri due". Il secondo monaco parlò così: "Scapperò via. Uccidi gli altri due". Il terzo: "Nessuno dovrebbe morire. Sediamoci e parliamone."

Lo scopo del Buddhismo è sempre stato non solo quello di portare benefici a se stessi o soltanto agli altri, ma sia a se stessi che agli altri. Tutti dovremmo averne benefici. Questo può essere visto anche nel contesto del Pensiero d'Illuminazione. Se, nella vita quotidiana, l'intento del Buddhismo è quello di raggiungere la meta per sé e per gli altri, ciò sarà ancora più vero rispetto al Bene Supremo: lo scopo non dovrebbe essere quello di ottenere lo stato di trasformazione solo per se stessi, ma anche per gli altri.

Una delle più comuni riserve concernenti la possibilità e la praticabilità di raggiungere l'Illuminazione per il vantaggio di tutti gli esseri viventi è che è un compito troppo difficile. Dal punto di vista Mahayana si considera che una volta risvegliata questa aspirazione di liberare tutti gli esseri senzienti dalla sofferenza si progredisca persino con più facilità. Perché? Perché orientando la nostra pratica verso tutti gli esseri senzienti, essi diventeranno i nostri aiutanti.

Questo viene elaborato in modo specifico nel Mahayana dove si dice che nel praticare le Perfezioni del Sentiero dei Bodhisattva, la pratica della generosità è aumentata dagli altri esseri senzienti perché ci danno l'opportunità di praticarla. Questo è anche vero per quanto riguarda le pratiche per un buon comportamento e per la pazienza. Tutti gli esseri senzienti aiutano e cooperano. Piuttosto di rendere il nostro percorso spirituale più difficile, l'orientamento della nostra pratica verso l'emancipazione universale di tutti gli esseri viventi lo renderà più facile perché coinvolgerà tutti gli esseri senzienti in questo procedere verso l'Illuminazione.

Come Sviluppare Amore

E' riconosciuto dalla tradizione Buddhista che sviluppare l'amore universale e la compassione non è cosa facile. Si suggerisce quindi che si inizi il cammino là dove è più facile farlo, dove c'è una prontezza emotiva per questo atteggiamento di amore e di compassione. Si consiglia di cominciare con la propria madre, senza riguardo che sia viva o morta. Ho incontrato persone che non hanno avuto un particolare legame amorevole con le loro madri. In questi casi si dovrebbe cominciare con un'altra persona. Nella maggior parte dei casi, comunque, c'è un sentimento molto forte di amore per la propria madre.

Si può iniziare a coltivare amore e compassione verso nostra madre. Per fare questo, si dovrebbe portare alla mente la propria madre, visualizzarla davanti a se e pensare alla sua grande gentilezza. Questo viene fatto molto dettagliatamente. Si dovrebbe pensare alla situazione della nostra nascita, momento in cui eravamo totalmente indifesi. Non eravamo in grado di nutrirci e di pulirci da soli. Potevamo morire se non ci fosse stata la cura e l'attenzione di nostra madre. Ella non si è presa cura di noi soltanto dopo la nascita ma anche prima di essa, a costo di grande disagio per se stessa. Ci ha portato nell'utero per nove mesi. Ha sofferto un bel po' di dolore per portarci nel grembo. Ci ha poi protetto e nutrito nel primo periodo della vita, ha pulito il nostro corpo con le sue mani, ci ha nutriti e lavati sempre pensando soltanto al nostro benessere. Questo ha caratterizzato gli anni successivi della nostra vita. Nostra madre che ci insegnava a camminare, a sederci, ad interagire con gli altri. Era sempre sua la premura a valutare se il cibo e gli indumenti erano sufficienti e che fossimo ben educati. In altre parole, in ogni momento era interessata al nostro benessere e beneficio, grazie alla sua benevolenza eravamo in grado di crescere e diventare adulti e indipendenti.

Ho accennato precedentemente ad una certa somma di esempi per descrivere il numero di vite ripetute che tutti noi abbiamo avuto. In questo contesto ogni essere vivente è stato, una volta o l'altra, nostra madre e in ognuna di queste vite precedenti nostra madre è stata affettuosa con noi. Questo è vero in qualunque regno ci sia successo di essere nati. Infatti, è fondamentale negli insegnamenti Mahayana considerare che tutti gli esseri viventi sono stati la nostra madre gentile.

Questo è un modo per prendere il sentimento di amore che abbiamo per nostra madre ed estenderlo a tutti gli esseri senzienti. Questo è vero per gli esseri senzienti che non riconosciamo in questa vita, per gli esseri senzienti che sono stati nostri nemici e anche per quelli che non sono umani, quelli di altri reami dell'esistenza. Così quelle persone che vediamo sugli autobus o nelle strade, sebbene non li riconosciamo a causa dei cambiamenti a cui tutti sono stati sottoposti lungo il corso delle innumerevoli vite, ognuno di loro ci ha recato dei benefici. Abbiamo un legame molto stretto e indissolubile che ci lega a tutti gli esseri senzienti attraverso queste innumerevoli vite.

Come possiamo ripagare l'amore di nostra madre in questa vita e quello degli innumerevoli esseri senzienti? L'unico modo è contribuire affinché abbiano la felicità e le cause della felicità. Il desiderio che essi abbiano felicità e le cause della felicità è il senso del coltivare l'amore. Come possiamo farlo? Semplicemente dando loro cose materiali, non li renderemo felici e certamente non darà loro le cause della felicità.

Nelle Scritture viene detto che, anche se dovessimo portare i nostri genitori sulle spalle notte e giorno per l'intero arco della vita, ciò non sarebbe sufficiente per ripagare la loro gentilezza. Anche se offrissimo loro l'intero universo con tutte le sue ricchezze, non sarebbe ancora sufficiente. L'unico modo con cui possiamo ripagare i nostri genitori e tutti gli esseri senzienti è quello di raggiungere la Buddhità. Questo perché per realizzare la Buddhità dovremo essere in grado di mostrare loro come raggiungere la felicità e le cause della felicità, compresa la beatitudine suprema dell'Illuminazione. Nella nostra meditazione sulla coltivazione di amore e compassione, cominciamo con nostra madre nella vita attuale. Visualizzandola davanti a noi e pensando alla sua gentilezza, sorge in noi un desiderio fortissimo perché sia felice ed abbia la causa della felicità. Partiamo da nostra madre, poi estendiamo lo stesso atteggiamento verso nostro padre, i nostri parenti e i nostri amici. Poi continuiamo col coltivarlo verso persone sconosciute, alle quali non ci sentiamo particolarmente vicini. Infine, ampliamo il sentimento di amore verso nostri nemici, ricordandoci che, anche se in questa vita possono essere nostri nemici, di fatto in una vita precedente erano gentili con noi. Forse in una vita precedente non abbiamo contraccambiato la loro gentilezza, così in questa vita sono diventati nostri nemici.

Si dice che la rabbia e le azioni ostili di altri esseri senzienti dovrebbero essere considerate come azioni ostili da parte dei nostri amici e parenti quando sono sconvolti e disturbarti a causa di una malattia. Se, per esempio, hai un amico molto caro che ha bevuto troppo e che vorrebbe colpirti con un pugno, non glielo lasceresti fare. Ma allo stesso tempo, non ti arrabbieresti con lui perché riconosceresti che è tuo amico che ha solo perso il controllo. Affronteresti la situazione senza arrabbiarti. Ugualmente, le azioni ostili di altri esseri senzienti dovrebbero essere viste come l'effetto momentaneo della pazzia causata dalle impurità della loro mente.

Si procede poi con l'estendere amore e compassione universali a tutti gli esseri senzienti, non solo a quelli del reame umano, ma anche a tutti quelli degli altri cinque reami dell'esistenza. Se è difficile meditare su questo tipo di amore verso gli esseri infernali, gli spiriti affamati e gli animali, un metodo valido è quello di visualizzare questi esseri nella forma umana. Per di più, se la rabbia dovesse presentarsi quando meditiamo sull'amore verso i nostri nemici, possiamo ricordarci dell'esempio che ho citato prima. Possiamo anche rammentarci degli errori causati dalla rabbia, che è la ragione primaria per una rinascita negli inferni. Tenendo questo a mente, possiamo evitare gli ostacoli nel cammino verso lo sviluppo del sentimento di amore universale rivolto a tutti gli esseri senzienti.

Come Sviluppare la Compassione

Dopo aver sviluppato l'amore universale, continuiamo con lo sviluppare la compassione universale verso tutti gli esseri senzienti. Proprio come l'amore è il desiderio che tutti gli esseri senzienti siano felici e abbiano la causa della felicità, così la compassione è il desiderio che tutti gli esseri viventi siano liberi dalla sofferenza e dalle cause della sofferenza. Così come le cause della felicità sono le azioni benefiche, le cause della sofferenza sono le azioni negative.

Le tecniche per coltivare la compassione universale sono simili a quelle delineate per l'amore universale. Iniziamo sempre con la nostra madre affettuosa. Sviluppiamo un sentimento di compassione per nostra madre, il desiderio che ella sia libera dalla sofferenza e dalle cause della sofferenza. Estendiamolo poi fino alle persone sconosciute, ai nemici e a tutti gli esseri senzienti, basandoci sulla comprensione del fatto che questi ultimi sono stati una o più volte le nostre madri affettuose e gentili.

L'Importanza della Compassione

L'essenza del Mahayana è la compassione. L'importanza della compassione nel Mahayana può essere riscontrata in modo esplicito in molti insegnamenti. Viene detto, per esempio, che la compassione universale è la causa principale per il raggiungimento dell'Illuminazione. E' la madre della Buddhità. Lo stato della Buddhità nasce dalla compassione. Coloro che desiderano ottenere l'Illuminazione hanno bisogno di coltivare la compassione universale, e tutte le altre Perfezioni del Sentiero verso la Buddhità si aggiungeranno spontaneamente e in modo naturale.

Quando si invita un re nella propria casa per un pranzo, si sa che sarà accompagnato dal suo seguito, non c'è bisogno di dirlo. Allo stesso modo, coltivando la compassione universale, tutte le altre pratiche del cammino del Bodhisattva – la generosità, il giusto comportamento, la pazienza, l'energia, la meditazione e la Saggezza – ne conseguiranno. Perché? Perché la compassione universale ci spinge a raggiungere la completa Buddhità per poter alleviare la sofferenza di tutti gli esseri senzienti in modo permanente. Anche se coltiviamo l'amore e la compassione universali, non giungeremo alla meta di alleviare la sofferenza di tutti gli esseri senzienti in modo permanente senza aver raggiunto noi stessi la Buddhità. Dare oggetti materiali o delle abilità ordinarie non garantisce felicità e libertà dalla sofferenza. Solo le qualità di un Buddha – mezzi abili e saggezza – possono permetterci di raggiungere lo scopo più nobile di tutti gli esseri viventi: felicità permanente e libertà definitiva dalla sofferenza.

È per questo che la compassione è considerato l'inizio, il centro e la fine del percorso verso la Buddhità. La Compassione è il seme del risveglio del pensiero dell'Illuminazione. È la prima condizione, nel senso che la pratica delle Perfezioni porta alla realizzazione delle pratiche del Bodhisattva, che matura nella Buddhità. La fine di quella compassione è l'essenza del frutto della Buddhità. La compassione del Buddha è la motivazione della Sua partecipazione alla sfera dei fenomeni per portare tutti gli esseri senzienti alla Buddhità.

I Tre Livelli di Compassione

Coltivando la compassione, ne incontriamo tre livelli. Questo ci indica un ulteriore passaggio, oltre alla semplice coltivazione dell'amore e della compassione universali, che porta a correggere le emozioni negative di rabbia e cattiva volontà. Entriamo nel dominio del coltivare la Saggezza, che corregge l'errore fondamentale della dicotomia fra sé e gli altri – che a sua volta è la natura dell'ignoranza.

Andare oltre a questo perché, considerando i tre livelli di compassione, abbiamo uno sviluppo della compassione coltivata verso gli esseri senzienti fino alla compassione anche in assenza degli esseri senzienti.

1. La Compassione Verso gli Esseri

Il primo di questi tre livelli di compassione ci è già familiare. E' il desiderio che tutti gli esseri senzienti siano liberi dalla sofferenza e dalle cause di sofferenza. Vedendo il loro dolore, desideriamo liberarli dalla sofferenza. Ma, a questo livello, crediamo nell'esistenza effettiva degli esseri senzienti come individui e nella realtà della loro sofferenza. Questa è una concezione relativamente semplice, con un senso della realtà molto ingenua.

2. La Compassione Verso gli Elementi

Questo primo livello è seguito dalla compassione verso i fattori dell'esperienza. Questo vuol dire che gli esseri senzienti, che noi ingenuamente riteniamo essere conglomerato autonomi sono di fatto non unitari, non indipendenti. Sono di fatto degli insiemi di diversi elementi dell'esperienza (*skandha*). La personalità non è unitaria, indipendente: è condizionata. E' un insieme di processi. Qui iniziamo ad entrare nel dominio della saggezza analitica. Cominciamo ad affrontare l'ignoranza attraverso un'analisi che disseziona quella personalità nei suoi componenti. Queste parti sono gli aggregati o i fattori dell'esperienza: gli elementi fisici dell'esperienza (il corpo fisico, gli oggetti materiali intorno a noi, come gli alberi, i tavoli, ecc.) e quelli mentali dell'esperienza (i sentimenti, le percezioni, il riconoscimento, le idee). L'insieme di questi fattori fisici e mentali compongono la personalità.

Perché le persone soffrono? Qui c'è il collegamento con la compassione. Comprendere la natura collettiva, molteplice della personalità, ci aiuta a capire le cause della sofferenza. La causa fondamentale della sofferenza è l'attaccamento al sé, cioè supporre una realtà di un sé unitario, indipendente, separato dagli oggetti materiali che lo circondano. E' la dicotomia fra l'Io e l'altro che crea questa situazione stressante in cui c'è rabbia, desiderio e bramosia. Se non ci fosse separazione tra me e l'altro, non ci sarebbe né rabbia né avidità. Verso chi o cosa dovremmo essere pieni di rabbia o desiderio? Se non ci fosse l'idea di un sé indipendente, non ci sarebbe nemmeno la sensazione di un abisso tra me e l'altro. Quando iniziamo a comprendere il sé in modo analitico, come un insieme di fattori fisici e mentali dell'esperienza, cominciamo a indebolire e minare alla base la causa della sofferenza: quell'idea del sé che è la causa della sofferenza.

Si dice che considerare questo insieme di fattori fisici e mentali dell'esperienza come se fosse un sé separato, è come scambiare, al buio, una semplice corda abbandonata a terra per un serpente. A causa della condizione di semi-oscurità, potremmo confondere la corda con un serpente, vivendo così un'esperienza di paura e di scoramento. Allo stesso modo, a causa dell'incapacità di portare avanti con chiarezza un'indagine analitica, scambiamo i fattori dell'esperienza per una personalità indipendente e così viviamo emozioni negative come rabbia, avidità, ecc.

La compassione rispetto ai fattori dell'esperienza è il secondo aspetto dei tre livelli di compassione.

Qui iniziamo a vedere che la sofferenza degli esseri senzienti è dovuta alla loro ignoranza, interpretando erroneamente i processi fisici e mentali come se fossero la personalità stessa.

3. La Compassione senza Oggetto

Adesso affrontiamo ciò che è chiamata la compassione senza oggetto. La comprensione che una persona è composta da elementi fisici e mentali dell'esperienza nasce da un'analisi dei vari componenti di ciò che forma la nostra nozione della personalità. Quando comprendiamo che queste componenti sono interdipendenti, e che la nostra personalità esiste solo grazie all'interazione fra processi fisici e mentali, allora comprendiamo la irrealtà di un sé sostanziale. Così, nell'analisi finale, il nostro "Io" non esiste di per sé. Non esiste in senso assoluto, ma soltanto in relazione alle cause e alle condizioni: in realtà, una persona non è un'entità con un'esistenza assoluta. Ciò vuol dire che gli esseri senzienti, verso cui coltiviamo grande amore e compassione, in realtà non esistono. In altre parole, coltiviamo amore e compassione verso esseri senzienti di cui sappiamo, attraverso la comprensione profonda, che non esistono in realtà.

Se in realtà non esistono, se la loro sofferenza è il risultato delle loro illusioni, perché coltiviamo questa compassione priva di oggetto? La ragione è che la sofferenza di chi scambia una corda per un serpente è molto reale per lei, anche se noi sappiamo che il serpente in fin dei conti non esiste. Quella persona è comunque angosciata dall'esperienza, anche quando noi, dal nostro punto di vista privilegiato, sappiamo già che in effetti il serpente non esiste.

Così la compassione senza oggetto è coltivata per liberare questi esseri senzienti che non hanno ancora acceso la luce della Saggezza analitica.

Tutto questo si può descrivere mediante un semplice esempio. Supponiate di essere addormentati e che vi succeda di avere un incubo. Sognate di essere intrappolati in un edificio in fiamme dal quale non c'è possibilità di scappare. Farete esperienza di un forte stato di paura e di frustrazione. Vi agiterete e vi volterete più volte. Al risveglio, sarete sollevati comprendendo di essere sani e salvi nel vostro letto e che l'esperienza avuta nel sogno non era reale. Supponete poi che la notte seguente vi accada di vedere il vostro o la vostra consorte agitarsi e rivoltarsi nel letto, mentre confusamente bisbiglia "fuoco, fuoco", ovviamente con grande angoscia. Quale sarà la vostra reazione? Resterete semplicemente a giacere sorridendo a voi stessi, pensando che quella paura è totalmente priva di fondamento, o stenderete il braccio per svegliarla/lo perché sapete per vostra propria esperienza che per lui, o per lei, quello sconforto è reale?

Questa è la compassione in atto. Questa è l'unione della compassione con la Saggezza. Dal momento che sappiamo attraverso la Saggezza analitica che la sofferenza si presenta a causa di un errore fondamentale, veniamo anche a conoscenza del fatto che la sofferenza fenomenologica è reale per coloro che sono intrappolati in quella visione errata. Così coltiveremo la compassione senza oggetto. Vediamo questo anche nei bambini. Essi hanno esperienze di grande angoscia e tormento riguardo a questioni di poca importanza, come quando scoppia un palloncino.

Noi sappiamo, dal nostro punto di vista privilegiato di adulti, che quella perdita è cosa di poca importanza, ma facciamo uno sforzo di compassione per identificarci con la sofferenza del bambino e sollevarlo da quella sofferenza.

Lo Scambio fra Sé e l'Altro

Ho detto precedentemente che, a causa del principio dell'uguaglianza del sé e dell'altro, la coltivazione di amore e compassione indirettamente mette in crisi la nozione di un sé separato. Al suo grado più alto, la compassione senza oggetto influenza direttamente il campo della Saggezza e l'abolizione della dicotomia del sé/l'altro. Abbiamo già iniziato a indebolire l'idea di un sé, e vediamo questo ben delineato nella pratica che Shantideva ha chiamato "il segreto completo degli insegnamenti del Buddha". Egli ha detto che coloro che desiderano raggiungere la Buddhità rapidamente dovrebbero coltivare questa pratica che viene chiamata lo "scambio tra sé e l'altro". Ciò vuol dire che, avendo coltivato l'aspirazione di grande amore e di grande compassione, si può poi procedere allo scambio tra sé e l'altro. Questo avviene attraverso l'intenzione che tutta la nostra felicità e le cause della felicità (le azioni positive) venga donata agli altri: le dedichiamo, o le trasferiamo, agli altri. Questo è un atto mentale con il quale si devolve tutta la propria felicità, e le cause della felicità, a tutti gli esseri viventi. Allo stesso modo, si desidera che tutta la sofferenza e le cause della sofferenza di tutti gli esseri senzienti si riversino su noi stessi. È stato comunque chiarito dalla tradizione Buddhista che questa pratica non significa, alla lettera, trasferire tutta la propria felicità e le sue cause agli altri esseri senzienti, e che non risulterà neanche in un'effettiva assunzione della sofferenza degli altri, e delle loro cause, su noi stessi.

Piuttosto, la meditazione sull'attitudine di scambio del sé con l'altro eliminerà alla fine la barriera tra il sé e l'altro. Questa meditazione porterà vicino al raggiungimento della visione universale che unisce senza distinzioni il sé e l'altro nell'aspirazione universale ad essere felici e liberi dalla sofferenza. Così, in un certo senso, scambiando il sé con l'altro facciamo sì che lo sforzo di tutti gli esseri senzienti ad essere felici diventi il nostro sforzo e lo sforzo di tutti gli esseri senzienti per essere liberi dalla sofferenza diventi il nostro stesso desiderio di essere liberi dalla sofferenza.

Amore e Compassione nella Vita di Tutti i Giorni

Tutto ciò non significa che l'amore e la compassione debbano essere coltivati esclusivamente nella meditazione formale: dovrebbero influenzare anche il modo in cui ci comportiamo nella vita quotidiana. Mettere in atto l'amore e la compassione nella vita quotidiana implica cercare di salvare le vite degli esseri viventi ogni volta che ci è possibile. Ciò vuol dire non solo salvare le vite di esseri umani ma anche le vite di animali e insetti.

Mi è successo di parlare ad una coppia dei valori Buddhisti. La moglie, che è europea, è stata per molto tempo interessata al Buddhismo. Per quanto il marito, che è giapponese, abbia un coinvolgimento intimo con la cultura Buddhista, non è particolarmente implicato negli studi Buddhisti. Tuttavia, fece un commento notevole: disse che aveva visto molti europei trascorrere molto tempo a studiare il Buddhismo, eppure non avrebbero esitato ad uccidere un insetto che fosse capitato nelle loro vicinanze; mentre lui, come molti giapponesi, anche se conoscono poco i dettagli tecnici del Buddhismo, non lo farebbero. In un modo o nell'altro prenderebbero l'insetto per gettarlo fuori dalla finestra, senza ucciderlo.

Questo non vuol dire che non ci saranno mai occasioni in cui potrebbe essere necessario uccidere, per esempio per prevenire la diffusione di una malattia; ma voglio dire che si dovrebbe cercare di evitare di uccidere altri esseri senzienti. Dovremmo cercare di salvare loro la vita quando è possibile, dare del cibo, del vestiario e riparo ai bisognosi, e comportarsi da amici con le persone sole. In tal modo mettiamo in pratica gli ideali di amore e compassione nella vita quotidiana. Si può vivere in modo tale che amore e compassione siano molto di più di un ideale astratto, coltivato all'interno di un contesto formalizzato e isolato.

La Meditazione sull'Amore e sulla Compassione

Per meditare sull'amore e sulla compassione cominciamo come sempre con il Rifugio e continuiamo ad usare le tecniche descritte prima, all'inizio verso la propria madre ed estendendo poi quel sentimento agli altri esseri senzienti, in modo progressivo. Poi si conclude la meditazione con la dedica dei meriti.

Capitolo V
IL PENSIERO D'ILLUMINAZIONE

Siamo arrivati al cuore della pratica del Bodhisattva che consiste nel risveglio del Pensiero d'Illuminazione e nel progressivo percorso verso la Mente d'Illuminazione.

Risvegliare il Pensiero d' Illuminazione

Il risveglio del Pensiero d'Illuminazione è la nascita di quel proposito di raggiungere l'Illuminazione che scaturisce dal desiderio altruistico che tutti gli esseri viventi siano felici e liberi dalla sofferenza, oltre che dalla presa d'atto che attualmente non siamo ancora in grado di raggiungere quella meta. C'è una contrapposizione tra il coltivare amore e compassione e il riconoscere la realtà della nostra situazione attuale – ovvero che in verità non siamo in grado di raggiungere la felicità e la libertà dalla sofferenza neanche per noi stessi - e tanto meno per gli altri! Ci rendiamo conto che solo diventando un Buddha possiamo acquisire la capacità di assicurare libertà e felicità a tutti gli esseri viventi.

Per far sorgere il Pensiero d'Illuminazione nella nostra mente, dobbiamo lentamente erodere e indebolire l'idea di possedere un sé. In parte, si compie questo mediante i metodi che abbiamo discusso precedentemente – coltivare l'uguaglianza del proprio sé e dell'altro, ecc. Questo accade anche attraverso il riconoscimento che il sé è l'origine di tutte le nostre sofferenze. Si dice che il sé è la radice dell'albero del *Samsara*. E' come un palo che c'inchioda nel ciclo di nascita e morte. Il sé è come un nodo scorsoio che ci lega a quel ciclo: non conta quanto si faccia pratica di azioni virtuose o di meditazione, se non si è capaci di sfuggire al ciclo di nascita e morte.

È come un uccello legato con una corda, ma in modo così lento perché possa volare un poco. Se vediamo che una nostra idea errata è fonte di sofferenza, perché non abbandonarla?

Se vediamo che il fuoco può creare sofferenza, cerchiamo di tenerci lontani da quel fuoco in modo da non esserne bruciati. Ugualmente, vedendo che il sé è la fonte di tutte le sofferenze, dovremmo abbandonare il senso di un sé.

Mediante il coltivare la comprensione della sostanziale uguaglianza tra il nostro sé e gli altri, il desiderio altruistico affinché tutti gli esseri senzienti siano felici e liberi dalla sofferenza e attraverso lo scambio del proprio sé con gli altri, si può arrivare a coltivare l'inclinazione di dare priorità al bene altrui, che è l'orientamento più importante del Mahayana, arrivando alla determinazione di raggiungere l'Illuminazione non solo per noi stessi, ma di condurvi tutti gli esseri senzienti.

Nel percorso di Buddha Sakyamuni, il primo risveglio al Pensiero d'Illuminazione ebbe luogo molti eoni fa. In quella vita, il Buddha era un mercante e aveva una madre cieca. Il mercante doveva fare un viaggio per una terra lontana. Poiché era l'unico disponibile a prendersi cura di sua madre, decise di portarla con sé in modo che non restasse a casa da sola. La nave su cui navigavano affondò durante una tempesta. Il futuro Buddha si trovò in acqua con altri passeggeri. Iniziò a cercare sua madre, desiderando di salvarla dall'annegamento. Alla fine, una volta soccorsa sua madre, nacque nella sua mente l'idea di salvare tutti gli esseri senzienti dalla sofferenza del *Samsara*.

In questa storia, possiamo vedere un evidente simbolismo che verrà più tardi usato nelle pratiche di meditazione per il risveglio del Pensiero d'Illuminazione. Il primo simbolo è il rapporto tra la madre e il figlio: una relazione molto stretta. Come abbiamo visto nel capitolo precedente, iniziamo a coltivare amore e compassione con una considerazione riguardante la situazione di nostra madre. La cecità della madre è un simbolo della cecità spirituale, dell'incapacità di vedere la verità mentre l'oceano simboleggia il *Samsara*.

Ci sono altri racconti del risveglio del Pensiero d'Illuminazione ad opera di altri lungo il loro cammino per diventare un Buddha. Per esempio, c'è la storia di un Bodhisattva che era rinato nel regno degli inferni a causa dei suoi misfatti.

Allora fu accoppiato ad un altro essere degli inferi e gli fu richiesto di trainare un carro guidato da un guardiano. Successe così che il Bodhisattva fu più bravo a trainare il carro rispetto al suo compagno che non era in grado di tirare il carro in modo efficiente, e così fu picchiato dal guardiano. Il Bodhisattva chiese a costui di non colpire il suo compagno poiché era troppo debole e piuttosto di bastonare lui. Questo desiderio di sollevare il suo compagno dalla sofferenza era il risveglio del Pensiero d'Illuminazione.

La Meta del Risveglio del Pensiero d'Illuminazione

La meta del Sentiero del Bodhisattva è il raggiungimento del Nirvana (della Libertà) o della Bodhi (Illuminazione). Libertà e Illuminazione sono in realtà due nomi per lo stesso tipo di trasformazione dell'esperienza. Il Nirvana esprime l'aspetto emotivo di quella esperienza di trasformazione in ciò che essenzialmente è: la Liberazione dalla sofferenza, la Libertà dalle tre emozioni negative – desiderio, rabbia e illusione. L'Illuminazione d'altra parte è un termine che ha a che fare con la conoscenza, lo stato della propria cognizione: in quel senso parliamo di Illuminazione come giusta comprensione, di un vedere le cose come sono veramente, come l'avere Onniscienza.

In entrambi i casi, sia che parliamo in termini emotivi che in termini di consapevolezza, ci sono vari gradi di libertà emotiva e di Illuminazione. Essenzialmente, qui trattiamo due tipi di Nirvana e di Bodhi - il Nirvana e la Bodhi degli Arhat e il Nirvana e la Bodhi dei Buddha e dei Bodhisattva. Ancora una volta possiamo parlare di raggiungere *libertà per* e *libertà da*: è una questione di gradi di Illuminazione.

Nel caso dell'Arhat, abbiamo una figura che raggiunge la *libertà dal* ciclo di nascita e morte per se stesso, ma non la *libertà per* aiutare tutti gli altri esseri senzienti, mentre i Buddha e i Bodhisattva ottengono la *libertà da* sofferenza e rinascita ma anche la *libertà per* aiutare gli altri. Si può dire che la libertà dall'avversione contro il *Samsara* è una libertà per operare nel mondo del *Samsara* aiutando gli altri. Ritornando sul caso dell'Arhat, c'è un livello di comprensione della natura reale delle cose, delle tre caratteristiche universali dell'esistenza – l'impermanenza, la sofferenza e il non-sé – ma c'è l'assenza dell'Onniscienza della Buddhità, perché ovviamente è allo scopo di aiutare tutti gli esseri a raggiungere l'emancipazione che si deve avere una percezione chiara della situazione di tutti gli esseri viventi.

La Buddhità comporta il Nirvana del Buddha e l'Illuminazione del Buddha. Questo implica un Nirvana che è non-dimorante. Il Nirvana non-dimorante del Buddha significa che, a causa del suo desiderio altruistico di liberare tutti gli esseri senzienti dalla sofferenza, non si trova circoscritto all'interno di un dominio solo trascendentale. D'altra parte, a causa della sua Saggezza, non dimora neanche nel regno dei fenomeni (*Samsara*): non è legato al *Samsara*. Questo è il Nirvana non-dimorante dei Buddha e dei Bodhisattva avanzati, ovvero l'obiettivo del Pensiero Illuminato.

I Benefici del Risveglio del Pensiero d'Illuminazione

La tradizione Mahayana attribuisce immensi benefici al risveglio del Pensiero d'Illuminazione. Anche l'essere più sventurato risulta completamente trasformato dal semplice risveglio del Pensiero d'Illuminazione: diventa un figlio del Buddha, rinasce nella famiglia dei Buddha, perché attraverso il risveglio del Pensiero d'Illuminazione ha fatto suo la natura dei Buddha e dei Bodhisattva.

Il risveglio del Pensiero d'Illuminazione è come una pietra filosofale: come questa trasforma gli oggetti in oro, così il Pensiero d'Illuminazione trasforma tutti gli esseri senzienti in Buddha e in Bodhisattva, modifica tutte le situazioni in situazioni d'oro, e questo succede perché non c'è alcun pensiero mondano che equivalga al Pensiero d'Illuminazione.

Per esempio, una persona che decide di dare elemosina ai poveri è considerata valorosa e meritevole anche se l'elemosina attenua la sofferenza dalla fame solo per un certo periodo di tempo. Una persona che decide di diventare un medico per curare le malattie fisiche è anch'essa una persona benemerito. Ma, in confronto allo sforzo dedicato a quella sua abilità, può soltanto salvare le vite degli altri per un periodo limitato di tempo, può solo mitigare la sofferenza degli altri. Tutti questi desideri e le azioni valorose degne di merito sono soltanto la più piccola parte di ciò che significa il risveglio del Pensiero d'Illuminazione, perché nessuna di queste si può paragonare come motivazione e qualità alla determinazione di raggiungere l'Illuminazione per tutti gli esseri senzienti: un dottore può alleviare la sofferenza soltanto per un po', mentre il proposito di arrivare all'Illuminazione per il beneficio di tutti gli esseri senzienti implica l'aspirazione a liberare in modo permanente tutti gli esseri senzienti dalla sofferenza, senza eccezione alcuna. In questo senso nessun altra aspirazione è paragonabile.

Esso viene anche paragonato ad un albero che esaudisce i desideri – un albero che concederà qualunque cosa si desidera, perché il potere di conforto e di incoraggiamento di quella forza è tale da fornire qualsiasi cosa si desideri. E ancora, il Pensiero d'Illuminazione è come un amico perché non importa quanto siano difficili le circostanze in cui ci troviamo, finché ci atteniamo al Pensiero d'Illuminazione, non cediamo alla disperazione.

Il Pensiero d'Illuminazione è come un Rifugio o una forte protezione per le persone impaurite, perché è diverso da qualunque altro pensiero sia nelle finalità che nella qualità. Neutralizza il karma negativo a causa del suo potere, che nasce dalla decisione autentica di raggiungere la Buddhità per il vantaggio di tutti gli esseri senzienti.

I Pensieri d'Illuminazione di Aspirazione e di Azione

Il Pensiero d'Illuminazione può essere diviso negli aspetti di Aspirazione e di Azione.

Finora abbiamo preso in considerazione esclusivamente la dimensione dell'aspirazione del Pensiero d'Illuminazione, e cioè il semplice desiderio di arrivare all'Illuminazione. Questo può essere paragonato al formulare il progetto per un viaggio. Per esempio, possiamo decidere di trascorrere le nostre vacanze in un certo paese. Inizieremmo a guardare ciò che dobbiamo fare per arrivare in quel luogo. Potremmo collezionare opuscoli e parlare agli amici che sono stati in quel posto, ecc. Questo significa pianificare. Allo stesso modo, avendo risvegliato il Pensiero d'Illuminazione, potremmo cominciare a guardarci intorno per trovare dei metodi per arrivare a questa meta. Proprio come avendo trovato un gioiello in un mucchio di spazzatura saremmo felicissimi di averlo trovato, similmente sentiamo felicità, gioia e un senso di trasformazione risvegliando il Pensiero d'Illuminazione. Ma aver trovato il gioiello non sarà sufficiente. Vorremo usare quel gioiello. Allo stesso modo, la semplice aspirazione a raggiungere la Buddhità non è abbastanza: dev'essere associata all'effettiva realizzazione del Pensiero d'Illuminazione: la pratica del sentiero del Bodhisattva. Questo significa applicare il Pensiero d'Illuminazione alla pratica del Sentiero del Bodhisattva.

Pensiero d'Illuminazione Convenzionale e Ultimo

Il Pensiero d'Illuminazione può anche essere diviso fra il Pensiero d'Illuminazione convenzionale e ultimo. Questa divisione rispecchia la divisione che abbiamo nel Buddhismo nei termini dei due livelli di verità: la realtà convenzionale (fenomenica) e la realtà ultima. Se guardiamo a questi due livelli della realtà secondo la più antica tradizione scolastica, la tradizione Abhidharma, troviamo che la divisione tra la realtà convenzionale e la realtà ultima dipende dalla nozione di individuo, di oggetto, di proprietà, ecc. Quindi, quando parliamo di "Io" e di "mio", della proprietà, siamo nel regno convenzionale mentre quando parliamo di processi, di fenomeni (quando non siamo più illusi rispetto all'esistenza dell'ego e della relazione effettiva e sostanziale tra soggetto e oggetto) siamo nel regno della realtà ultima.

Questo comporta uno spostamento di prospettiva, da quella dell'uomo di strada a quella del meditatore. Nel Mahayana, questa concezione viene estesa in modo tale che, a livello convenzionale, parliamo di individui, del sé, di sostanza e di fenomeni materiali, mentre a livello ultimo parliamo di vacuità e di non-dualità.

Questa idea particolare della realtà convenzionale e della realtà ultima ha la sua applicazione nella sfera del Pensiero d'Illuminazione, perché, finché abbiamo la concezione dualistica del sé e dell'altro, dell'esistenza non illuminata e dell'esistenza illuminata, dell'esistenza di un essere ordinario e di un Buddha, stiamo operando nel dominio del

Pensiero d'Illuminazione convenzionale. Qui, ovviamente, è appropriato entrare in merito alla determinazione per raggiungere l'Illuminazione, perché stiamo ancora parlando in una cornice dualistica di riferimento laddove abbiamo da compiere un certo tipo di trasformazione allo scopo di arrivare alla Buddhità.

Il Pensiero d'Illuminazione ultimo è la mente del Buddha. E' una mente dove non c'è nessun sé, nessun fenomeno, nessuna mente. C'è solo vacuità, una trascendenza da qualunque tipo di estremi o di alternative.

Nella Mente Illuminata abbiamo un'esperienza che può essere soltanto descritta come integrazione tra vacuità e luminosità. Questa è la verità ultima al di là della dualità, oltre il sé, al di là della mente, della materia e dei fenomeni. Noterete che qui stiamo utilizzando il termine "Pensiero d'Illuminazione" per il Bodhicitta convenzionale e "Mente Illuminata" per il Bodhicitta ultimo. Questo perché la parola sanscrita *citta* può essere tradotta sia in un senso auto-sufficiente sia in un senso intenzionale. Fintanto che stiamo parlando dell'aspirazione di raggiungere l'Illuminazione, è meglio tradurre il Bodhicitta nel "Pensiero d'Illuminazione": ma quando abbiamo realizzato la Buddhità, allora non abbiamo nessuna aspirazione a raggiungere altro.

L'attività altruistica a beneficio degli esseri viventi sorge spontaneamente dalla Mente Illuminata.

Le Sei Perfezioni

Il percorso da seguire per trasformare il Pensiero d'Illuminazione nella Mente Illuminata è il sentiero delle Sei Perfezioni. È per questo che il Mahayana a volte viene chiamato il Paramitayana, cioè il Veicolo delle Perfezioni.

Il termine *Paramita*, ordinariamente tradotto come "Perfezioni", è analogo alle nostre parole italiane parametro e metro. Questo implica un limite o un sistema di misura.

L'idea di Perfezione è la trascendenza di un limite, di andare oltre un limite. Così quando parliamo della Pratica delle Perfezioni, stiamo attualmente parlando dell'andare al di là della Pratica delle Perfezioni. Dobbiamo ricordarci questo, perché altrimenti c'è il pericolo che potremmo ritenere le Perfezioni come qualcosa di statico mentre la concezione di Paramita è dinamica: comporta un andare oltre il suo stesso concetto.

Al posto della "Perfezione della generosità", per esempio, potremmo ben parlare della "Trascendenza della generosità". Questo è ciò che intendiamo dire per Paramita.

Le Sei Paramita di base sono: la generosità, la moralità, la pazienza, l'energia, la meditazione e la Saggezza. Quelli che tra di voi hanno una certa familiarità con altri schemi di pratiche Buddhiste vedranno che c'è poco di nuovo in queste pratiche. Le Perfezioni sono un elemento importante nel cammino insegnato dal Buddha secondo tutte le tradizioni, sia Theravada che Mahayana. Quello che c'è di nuovo nelle Sei Perfezioni è la maniera in cui vengono praticate.

Ricorderete le funzioni terapeutiche delle varie componenti nella tradizione Buddhista della trasformazione della mente. Il contesto delle Perfezioni, non fa eccezione a questa regola. Possiamo vedere le Perfezioni come la terapia correttiva per dei problemi particolari. La Perfezione della generosità è un antidoto alla cupidigia o all'avarizia, la Perfezione della moralità per le azioni negative, la Perfezione della pazienza per la rabbia, la Perfezione dell'energia contrasta la pigrizia, la Perfezione della meditazione la distrazione e la Perfezione della Saggezza è l'antidoto all'illusione.

Le Quattro Perfezioni addizionali

Oltre alle Sei Perfezioni di base, ci sono quattro Perfezioni addizionali: la Perfezione dei mezzi abili, della determinazione, della potenza e della conoscenza.

Queste quattro Perfezioni addizionali costituiscono la capacità salvifica del Buddha, la facoltà di emancipare gli altri. Questo è forse illustrato più chiaramente nelle Perfezioni dei mezzi abili, perché è mediante queste che i Buddha e i Bodhisattva sono in grado di sviluppare tecniche che siano particolarmente adeguati alle capacità e alle necessità specifiche degli esseri senzienti.

La Perfezione della determinazione comporta la determinazione dei Buddha e dei Bodhisattva di emancipare tutti gli esseri senzienti. La potenza implica l'abilità dei Buddha e dei Bodhisattva a mettere in pratica la loro determinazione – applicando una percezione chiara della situazione di tutti gli esseri viventi. Questa conoscenza deve essere differenziata dalla Saggezza. La Saggezza nell'ambito della Perfezione è intuito acuto, mentre in questo contesto la conoscenza include la conoscenza mondana, quella delle scienze, la conoscenza della mentalità particolare degli esseri senzienti, così che le funzioni emancipanti e salvifiche degli Illuminati possano essere attuate con maggiore efficienza.

La Perfezione della Saggezza

Guardiamo in particolar modo alla Perfezione della Saggezza perché questa riveste un ruolo molto speciale nel contesto delle Perfezioni.

Si dice che la Perfezione della Saggezza è la madre di tutti i Buddha poiché sorgono dalla Perfezione della Saggezza. Allo stesso modo, la Perfezione della Saggezza è come la cottura di un vaso di creta.

Se noi modelliamo un vaso di creta e non lo cuociamo in forno, il vaso può facilmente rompersi in tanti pezzi. Ma se lo abbiamo cotto, non si romperà tanto facilmente. Ugualmente, il Bodhisattva che non pratica la Perfezione della Saggezza rischia di essere frantumato. Il suo progredire verso la Buddhità non sarà stabile. Invece, attraverso la Perfezione della Saggezza diventa incrollabile.

Da queste due analogie, possiamo vedere che la Perfezione della Saggezza ha un ruolo speciale. Inoltre, si dice che le altre cinque Perfezioni sono come dei ciechi. Non importa quanti ciechi ci sono, per conto proprio essi non riescono a raggiungere la loro meta. Ma con l'aiuto di una persona vedente, tutti i cinque ciechi possono raggiungere la meta in sicurezza. Similmente, senza la Perfezione della Saggezza, le altre Perfezioni non possono far arrivare alla Buddhità.

Questo perché la Perfezione della Saggezza trasforma le altre in Perfezioni effettive. In altre parole, la generosità non è una perfezione senza quella della Saggezza. Perché dovrebbe essere così? Cosa comporta la Perfezione della Saggezza? Abbiamo detto che l'ignoranza è l'idea del sé e dell'altro, la nozione della separazione del sé dagli altri – la dicotomia tra soggetto e oggetto. Al cuore di questo ragionamento errato c'è la cognizione di una essenza reale, l'essenza dell'esistenza soggettiva (il sé) e quella dell'esistenza oggettiva (i fenomeni). Questa nozione di un'esistenza indipendente, inerente è comune sia agli aspetti soggettivi che agli aspetti oggettivi dell'ignoranza.

La Perfezione della Saggezza porta alla comprensione che non c'è un'esistenza indipendente di un sé o di un oggetto. Abbiamo parlato dell'idea del non-sé, l'analisi della personalità nelle parti che la compongono, nei suoi elementi fisici e mentali. Questa è un'indagine analitica della personalità. Procediamo poi con un'osservazione analitica analoga riguardo agli oggetti. Possiamo vedere, per esempio, che il tavolo davanti a me non è un tavolo unitario. E' composto da singole parti – il piano, le gambe e le viti che lo tengono insieme, ecc. Possiamo usare questo approccio analitico per rifiutare l'idea di un'esistenza intrinsecamente indipendente degli esseri senzienti e dei fenomeni.

Ma l'approccio analitico può portarci solo fino ad un certo punto, perché ci lascia con pezzi e pezzettini sempre più piccoli della realtà creando la tentazione di assegnare a quei pezzi di realtà l'idea di un esistenza inerentemente indipendente, che originariamente avevamo conferito all'Io e ai fenomeni.

Possiamo vedere questa tendenza molto chiaramente nello sviluppo dei punti di vista meccanicistici, atomistici e riduzionisti, sia in Oriente che in Occidente. Il risultato del processo analitico arriva di solito ad una riduzione della realtà nelle parti che la compongono, negli atomi, nelle particolari componenti dell'esistenza – mentale o fisica.

La Perfezione della Saggezza non è, però, esclusivamente una questione di analisi. Si tratta di trascendere la modalità analitica di un'indagine. Ciò che la Perfezione della Saggezza fa è chiederci di andare oltre la mera analisi e di associarla con una forma connettiva, sintetica, di comprensione. Guardiamo alle cose non semplicemente nei termini delle loro parti componenti, ma anche nelle loro relazioni, nella loro interdipendenza dagli altri elementi. In un certo senso, abbiamo le nozioni di Saggezza e della Perfezione della Saggezza, essendo l'analisi una caratteristica della Saggezza e la relazione una caratteristica della Perfezione della Saggezza. Ci muoviamo da un modo analitico d'indagine verso un modo sintetico.

La Perfezione della Saggezza trasforma le altre in Perfezioni. In quale modo? Le rende Trascendentali: le libera dalle limitazioni. Possiamo vedere che in ogni tipo di azione abbiamo tre componenti – il soggetto di un'azione (componente soggettiva), l'agente di un'azione (componente oggettiva) e l'azione stessa. La comprensione della Perfezione della Saggezza, quando viene applicata alla pratica delle Perfezioni, risulta nei 'tre cerchi puri'. I tre cerchi puri si riferiscono ai tre componenti dell'azione – il soggetto, l'oggetto e l'azione stessa. Così quando mettiamo in atto la nostra comprensione della Perfezione della Saggezza riguardo alla pratica della generosità, per esempio, realizziamo che l'agente dell'azione è vuoto. In altre parole, il donatore, l'oggetto e l'azione non hanno un'esistenza intrinsecamente indipendente. Perciò, non importa cosa facciamo, se osserviamo le regole del buon comportamento, la pratica della pazienza, la meditazione, ecc., siamo consapevoli dei tre cerchi puri. Così, per esempio, mentre stai seduto in una conferenza, sei consapevole della vacuità di chi ascolta, dell'insegnamento e dell'azione di ascoltare. Sei anche consapevole della vacuità dell'insegnante, degli oggetti dell'insegnamento e dell'azione dell'insegnamento stesso. E' questa consapevolezza della vacuità di soggetto, oggetto e azione che trasforma le Cinque Perfezioni nelle effettive Perfezioni. Se la Saggezza della vacuità non fosse presente, non sarebbero delle Perfezioni ma sarebbero azioni ordinarie anche se meritorie. Porterebbero ad una rinascita fortunata, a prosperità, a sviluppo, ecc., ma non trasformerebbero la nostra ordinaria mente dualistica nella mente di un Buddha. Non trasformerebbero la nostra esperienza in una Mente Illuminata di Buddhità perché sarebbero azioni ancora operanti all'interno del sistema della dualità soggetto/oggetto, ossia la concezione di cose esistenti in modo indipendente.

In quel modo la generosità porterebbe soltanto alla prosperità, l'etica al benessere, la pazienza alla luminosità, l'energia alla materia, la meditazione alla pace e la Saggezza alla *libertà da* qualcosa, che non è la *libertà per*. Ma, se combiniamo la pratica delle altre Perfezioni con la Perfezione della Saggezza, allora la generosità, la moralità, la pazienza, l'energia, la meditazione e la Saggezza porteranno alla Buddhità. Questo è il ruolo speciale della Perfezione della Saggezza nel contesto delle Perfezioni: trasforma ciò che altrimenti sarebbero solo azioni ordinariamente meritorie, capaci di portare a conseguenze fortunate in questa o nelle vite future, in azioni trascendentali che conducono invece all'Emancipazione.

I Mezzi Abili

I mezzi abili nascono dalla compassione che segue in modo naturale la Saggezza. È l'espressione spontanea della Saggezza. Abbiamo detto precedentemente che la compassione senza oggetto porta sulla soglia della comprensione e del discernimento. Abbiamo detto che la sofferenza, gli esseri senzienti, i fenomeni in generale, in realtà non hanno esistenza intrinseca e auto-sussistente. Abbiamo anche detto che la Saggezza della vacuità non comporta la Liberazione degli esseri senzienti dalla sofferenza. Quindi, la Saggezza della vacuità implica la compassione. Questo ovviamente accade spontaneamente quando ci si è allenati per sviluppare questa reazione attraverso una attenta ed esauriente coltivazione di amore e compassione, attraverso una voluta erosione della distinzione fra il sé e gli altri.

Grazie alla nostra precedente coltivazione della Perfezione della Saggezza la Saggezza ora automaticamente viene abbinata ad una visione altruistica per liberare altri esseri senzienti dalla sofferenza. E' grazie a questa compassione che nascono i mezzi abili. Questo succede perché la compassione richiede una varietà di dispositivi per poter sviluppare l'emancipazione degli esseri senzienti.

L'espressione classica dei mezzi abili si trova nel Sutra del Loto (Saddharmapundarika Sutra). In quel testo, il Buddha paragona le tre Tradizioni nel Buddhismo – l'Hinayana, il Pratjeka Buddhayana e il Mahayana – ad altrettanti mezzi abili. Lo possiamo vedere come risposta diretta alla domanda del perché abbiamo delle diversità all'interno della tradizione Buddhista – Zen, Theravada, Vajrayana, ecc. Il Buddha ha risposto a questo molto direttamente ed esplicitamente nella parabola dei carri. C'era un uomo ricco che aveva molti bambini ma viveva in una casa malandata. I bambini un giorno erano assorti nei loro giochi, occupati con i loro giocattoli quando il padre si accorse che la casa aveva preso fuoco. Sapendo che era una casa vecchia e decrepita, il padre era molto in ansia per portare i bambini fuori dalla casa il più veloce possibile. Perciò voleva gridare ai bambini che la casa aveva preso fuoco. Ma forse i bambini non conoscevano le conseguenze del fuoco e avrebbero continuato con i loro giochi. Il padre allora ebbe l'idea di portarli fuori di peso, ma c'era il rischio che non sarebbe stato in grado di salvarli tutti. Perciò doveva pensare ad un espediente. Conosceva le inclinazioni dei bambini. Sapeva cosa li attraeva. Così ha detto: "Bambini, vi ho portato dei giocattoli. Fuori dalla casa ci sono carri di daini, di tori, di capre." Rispondendo a questo stimolo, i bambini hanno subito lasciato i loro giochi, uscendo di corsa dalla casa in fiamme - scoprendo che il padre aveva soltanto lo stesso bel carretto per tutti e non tanti carri differenti.

Questa parabola esprime l'uso dei Buddha e dei Bodhisattva dei vari metodi per realizzare l'emancipazione degli esseri senzienti con diverse inclinazioni. Nella parabola, l'uomo ricco è il Buddha. I bambini sono gli uomini del pianeta, preoccupati delle loro attività e delle loro distrazioni, la casa è il mondo, il fuoco è il fuoco del desiderio, della rabbia e dell'illusione, e i tre tipi di carri sono i tre Veicoli (Sravakayana, Pratyeka Buddhayana e Bodhisattvayana).

Quando i bambini escono fuori dalla casa, il padre dà loro un solo carro: la Buddhità.

Il messaggio è chiaro. Le varie tradizioni – Theravada, Mahayana, Vajrayana, ecc. – sono proprio quei tanti dispositivi calcolati per soddisfare le particolari necessità degli esseri senzienti. Una volta che gli esseri senzienti sono saliti a bordo su questi veicoli, raggiungeranno tutti la stessa meta della Buddhità.

Questo è ovviamente in perfetta armonia con l'importanza del modello terapeutico nel Buddhismo. La fine della terapia è la guarigione. La terapia lungo il cammino verso la guarigione si differenzia secondo i diversi problemi. Tratteremo un'infezione con la penicillina, ma dovremo trattare la malattia psicosomatica con la psicoterapia. Allo stesso modo, ci sono vari trattamenti per differenti disturbi.

L'idea dei mezzi abili ha contribuito a incoraggiare attivamente una diversificazione nella tradizione Buddhista. Esiste un fenomeno simile nella tradizione Indù dove abbiamo una grande proliferazione di mezzi che hanno tutti verso uno scopo comune. Nel Buddhismo, l'idea dei mezzi abili è responsabile non solo per tutta la gamma delle Tradizioni, ma anche delle molteplici pratiche all'interno di ogni tradizione.

Per esempio, nella tradizione Theravada, abbiamo una divisione della personalità in sei tipologie, così che i vari tipi di meditazione possono essere assegnati secondo le loro rispettive inclinazioni. Per una persona con una predisposizione per la lussuria, potrebbe essere raccomandata la meditazione sulle impurità del corpo o la meditazione sulla morte. Per quelli con un carattere devoto, si potrebbe consigliare la meditazione sui Tre Gioielli, ecc.

Anche nella tradizione Theravada c'è il concetto dei mezzi abili del Buddha. Ecco perché in alcune occasioni troviamo il Buddha a parlare del bisogno di disciplinare il sé per raggiungere il paradiso, la felicità e la prosperità e in altri luoghi a parlare del non-sé e della vacuità. Queste sono tutte espressioni dei mezzi abili. Sono un riconoscimento delle diverse capacità dei vari esseri senzienti: non tutti risponderanno ad un medesimo Insegnamento.

Potete vedere questo nel Buddhismo, che è una tradizione vivente. Per esempio, troverete che alcuni membri della generazione più anziana sono felici di andare in un Tempio per intonare canti o offrire l'incenso. Per loro, questa è una pratica compatibile con il loro orientamento. Se li metteste di fronte ad una spiegazione delle dottrine del non-sé e della vacuità le troverebbero molto difficili da assimilare.

Tutte queste pratiche sono, possiamo dire, sintonizzate con molta cura per le necessità degli esseri senzienti. C'è il rischio di pensare che il funzionamento dei mezzi abili sia un'azione di tipo premeditato. Non è così. E' un atto spontaneo che nasce dal coltivare la Perfezione di base incrementata dalle Perfezioni di determinazione, di potenza e di Saggezza.

L'interdipendenza tra gli esseri senzienti ordinari e i Buddha e i Bodhisattva è paragonabile a quella tra il vento e un carillon. Se appendiamo il carillon davanti alla porta, suonerà secondo il modo in cui il vento lo muove. Nella stessa maniera, avendo questa vasta gamma di equipaggiamento ottenuta attraverso la pratica delle Perfezioni, avendo la Saggezza, la compassione, i mezzi abili, la conoscenza e l'energia, gli Esseri Illuminati rispondono al karma degli esseri senzienti. Rispondono automaticamente ai venti dell'energia karmica degli esseri senzienti, a ciascuno secondo le sue necessità in modo da fornire esattamente le tecniche giuste per raggiungere l'Illuminazione.

L'idea dei mezzi abili è molto importante nel Mahayana e la possiamo vedere all'opera in molte forme. E' a causa di questa nozione che nel Mahayana talvolta si racconta della comparsa di Buddha e Bodhisattva in luoghi improbabili ed inattesi: troviamo nella letteratura Mahayana esempi di Buddha e di Bodhisattva nei bordelli e nelle sale del gioco d'azzardo. Questo perché l'opera di emancipazione non può sempre e solo essere attuata nella sicurezza dei luoghi convenzionalmente puri o sicuri. Un ubriacone potrebbe benissimo evitare una persona dichiaratamente spirituale ma essere influenzato dalle parole del suo compagno di bevute.

Quattro Articoli da Collezione

In aggiunta alle quattro Perfezioni Addizionali, ci sono i quattro *articoli da collezione* (*Sangani Vastuni*) che il Bodhisattva è incoraggiato a praticare. Questi sono dei complementi alle Perfezioni salvifiche. Il primo è un'estensione dell'idea della Perfezione della generosità. È il dare e non comporta soltanto il donare oggetti materiali, ma anche offrire sostegno, incoraggiamento e tempo, ecc. Perciò la pratica del dare non implica solo donare oggetti materiali. Questo è il primo dei quattro *articoli da collezione* che il Bodhisattva è incoraggiato a praticare. Il secondo è un linguaggio piacevole. Questo è un aiuto per il Bodhisattva nel suo impegno per l'Emancipazione. Per avere il giusto effetto sugli altri, occorre adottare un linguaggio appropriato. Il terzo è l'empatia. È la capacità di condividere la felicità e la sofferenza degli altri, di mettersi al loro posto. L'ultimo è la coerenza e l'armonia tra le azioni e le parole: i Precetti insegnati devono corrispondere al suo modo di vivere.

Se guardate le pratiche prescritte per il Bodhisattva – le Sei Perfezioni di base, le quattro Perfezioni Addizionali e i quattro *articoli da collezione* – vi accorgerete che la vita del laico è particolarmente adatta alla pratica del Sentiero del Bodhisattva.

Se guardate i racconti leggendari dei Bodhisattva nella letteratura delle *Jataka*, troverete che la maggior parte di loro sono dei laici. Ecco perché nel Mahayana troviamo che la vita laica è considerata di pari valore rispetto a quella monastica in quanto veicolo per acquisire la meta più alta, sebbene non ci sia alcun rifiuto del sistema monastico. In molti casi, la vita laica tende di più verso la pratica delle Perfezioni del Bodhisattva di quanto faccia quella monastica. Un laico ha più opportunità di praticare le Perfezioni della generosità, della moralità e della pazienza rispetto ad un monaco. Lo stesso è vero per i quattro *articoli da collezione*. Tutti possono essere praticati nel contesto della vita laica. Nel Mahayana, la vita di uomini e donne laici ha un proprio status che raggiunge la stessa validità della vita monastica. In un certo senso, supera quasi la vita monastica come Veicolo primario per raggiungere la Buddhità.

La Meditazione del Risveglio del Pensiero d'Illuminazione

Nel contesto di una meditazione strutturata sul Pensiero d'Illuminazione, iniziamo con la recitazione della formula del Rifugio, continuiamo con una meditazione sul risveglio del Pensiero d'Illuminazione. Risvegliamo il Pensiero d'Illuminazione percorrendo la nostra meditazione sull'amore e sulla compassione come abbiamo descritto precedentemente. Focalizziamo l'attenzione sulla giustapposizione tra l'augurio altruistico per tutti gli esseri senzienti perché siano permanentemente felici e liberi dalla sofferenza e la nostra incapacità attuale di realizzare questo desiderio. Avendo fatto questo, portiamo la mente alla necessità di arrivare alla Buddhità in modo da soccorrere tutti gli esseri senzienti per farli uscire dalla sofferenza e porli in modo permanente in uno stato di felicità.

Si può rafforzare questo scopo di raggiungere la Buddhità paragonandola con l'effettiva incapacità di altri ruoli o funzioni riguardo al poter realizzare la felicità permanente di tutti gli esseri senzienti. Si possono ricapitolare rapidamente le limitazioni dei metodi comuni più ordinari per recare beneficio agli altri esseri viventi. Questo include non solo il proposito dei medici, dei donatori, ecc., ma anche quello degli operatori sociali, delle figure politiche, ecc., che potrebbero migliorare le condizioni degli esseri senzienti. Tutti questi impallidiscono fino a diventare insignificanti in confronto alla determinazione ad arrivare alla Buddhità a beneficio di tutti gli esseri senzienti.

Il Pensiero d'Illuminazione nella Vita di Tutti i Giorni

Anche al di fuori del contesto della meditazione formalmente strutturata, ci si dovrebbe ricordare della propria aspirazione a raggiungere la Buddhità. Non si dovrebbe mai rinunciare al proprio desiderio di arrivare alla Buddhità. Come ho suggerito precedentemente riguardo alle tecniche per trasformare azioni neutrali, inefficaci, in azioni meritorie, si può creare una connessione intenzionale tra un'azione particolare e il conseguimento dell'Illuminazione di tutti gli esseri senzienti. Per esempio, uscendo di casa, possiamo pensare: "Proprio mentre esco di casa, possano tutti gli esseri incamminarsi sul Sentiero verso l'Illuminazione", e tornando a casa: "Mentre torno a casa, possano tutti gli esseri raggiungere l'Illuminazione", ecc.

Nell'ambito formale della meditazione abbiamo la formula della dedica dei meriti, con la quale dedichiamo qualunque energia positiva che sia stata creata nella meditazione per il raggiungimento della Buddhità di tutti gli esseri viventi. In questo modo ci aggrappiamo al Pensiero d'Illuminazione, non importa dove siamo, non importa quanto sia difficile la situazione in cui ci troviamo.

La Realizzazione della Buddhità

La pratica delle Sei Perfezioni porterà alla realizzazione della Buddhità. La Buddhità ha due dimensioni – il Dharmakaya, che è la Dimensione Trascendentale al di là del pensiero e dell'espressione, e il Rupakaya, che è la dimensione della forma. Il Rupakaya è suddiviso nella forma del Corpo terrestre e in quella del Corpo celestiale.

La pratica delle prime tre Perfezioni (generosità, moralità e pazienza) risulta nell'acquisizione del Rupakaya, mentre la pratica delle ultime due Perfezioni (meditazione e Saggezza) si compie con il conseguimento del Dharmakaya. L'energia, la quarta Perfezione è necessario per entrambe le acquisizioni. L'unione di questi due Corpi è l'Essenza della Buddhità.

Sono le pratiche delle Perfezioni della Meditazione e della Saggezza che portano al conseguimento della Dimensione Trascendentale della Buddhità.

Poi guarderemo le pratiche di Meditazione e Saggezza, e come ciascuna di esse deve essere coltivata individualmente e come in seguito debbano essere unite per determinare l'acquisizione della Dimensione Trascendentale della Buddhità.

Capitolo VI
LO STATO DI CALMA

In questo capitolo tratteremo un argomento che è al centro della tradizione Buddhista della trasformazione della mente, ovvero le tecniche per sviluppare la calma o la quiete (*samatha*). L'importanza di questo argomento nella tradizione Buddhista non dovrebbe essere sottovalutato, ma nemmeno, come vedremo più avanti, dev'essere sopravvalutato.

L'Importanza della Calma

Il raggiungimento della calma, di uno stato concentrato della mente, è una delle due componenti-chiave che trasformano il Pensiero d'Illuminazione convenzionale in Pensiero d'Illuminazione Ultimo. La calma insieme alla visione profonda sono le componenti principali nell'acquisizione della Realizzazione della Conoscenza.

Abbiamo precedentemente menzionato il fatto che le Perfezioni sono divise in due gruppi. Le prime tre Perfezioni – il dare, il giusto comportamento e la pazienza – appartengono al gruppo che porta all'accumulazione dei meriti. Le ultime due – la meditazione e la Saggezza – appartengono al gruppo che porta all'accumulo della conoscenza. La Perfezione che resta, l'energia, è richiesta per tutti e due i tipi di accumulazione.

Le prime tre Perfezioni sono le cause per l'acquisizione dell'aspetto fenomenico della Buddhità (Rupakaya), mentre le ultime due Perfezioni sono le cause per l'acquisizione dell'Aspetto Trascendentale della Buddhità (Dharmakaya). Perciò, osservando 'la calma', arriviamo alla prima delle due componenti chiave, che sono necessarie per arrivare alla Dimensione Trascendentale della Buddhità.

Realizzare l'Aspetto Trascendentale della Buddhità vuol dire cambiare il Pensiero d'Illuminazione convenzionale nel Pensiero d'Illuminazione Ultimo ossia nella Mente Illuminata, la Mente del Buddha.

La distinzione tra il Pensiero d'Illuminazione convenzionale e il Pensiero d'Illuminazione Ultimo è quella tra un'esperienza dualistica e un'esperienza non-duale.

Al livello convenzionale, abbiamo un bel po' di dualità su cui lavorare. C'è la dualità tra l'esperienza non illuminata e l'Esperienza Illuminata. Consideriamo noi stessi come esseri in una condizione non illuminata con l'intento di raggiungere l'Illuminazione. Inoltre, vediamo noi stessi e gli altri esseri senzienti come esseri differenti. Pensiamo di dover salvare gli altri esseri senzienti dalla sofferenza, ecc. Ma, al livello della Mente Ultima, Illuminata, tutte le dualità cessano di esistere.

Una metafora comunemente usata per questa transizione dal Pensiero d'Illuminazione convenzionale al Pensiero d'Illuminazione Ultima è quella del sogno e del risveglio.

Per esempio, una ragazza vergine può sognare che ha dato alla luce un bambino, e poi può sognare che il bambino è morto. Prima farà esperienza di felicità e poi di sofferenza. Tuttavia, quando si sveglia, realizzerà che il bambino era mai né nato, né morto. Allo stesso modo, nella condizione non Illuminata, tutti i fenomeni, tutte le esperienze sono caratterizzate da nascita e morte, dal sorgere e dalla distruzione. Ma in uno Stato Illuminato si comprende che i fenomeni in realtà non sorgono, né muoiono.

Buddha disse che c'è un non-nato e un non-morente. Questo non-nato e non-morente, che è lo scopo del Sentiero Buddhista, non è qualcosa che si trova da qualche altra parte. La Realizzazione di ciò non comporta alcun movimento o viaggio ad un altro luogo. E' un cambiamento soggettivo, un cambiamento nel modo di vedere le cose.

Quando ci si sveglia da un sogno, gli oggetti e le impressioni del sogno in verità non vanno da nessuna parte. Per poter realizzare questo cambiamento nella nostra mente, dal punto di vista convenzionale dualistico a quello della Mente Illuminata, le pratiche principali che si devono perfezionare sono lo Stato di Calma e la Visione Profonda.

Le Tre Fasi della Trasformazione della Mente

Nella tradizione Buddhista, la trasformazione della mente non è semplicemente una questione di sedersi a gambe incrociate davanti ad un'immagine o in un Tempio; non è neanche una questione di osservare il processo di inalazione ed esalazione del respiro: è qualcosa che deve essere integrata nelle nostre vite, applicata in ogni momento della nostra esistenza, per ciascuna azione consapevole. Questo si riflette nell'enfasi Buddhista sull'importanza della mente nel formare la natura della nostra esperienza, di come la mente colori e determini la natura della nostra esperienza. Ciò si riflette anche, in modo ancora più specifico, nei tre stadi del Nobile Ottuplice Sentiero che appartengono al gruppo della *trasformazione della mente*.

Questi tre stadi sono il *giusto sforzo*, la *giusta consapevolezza* e la *giusta meditazione*. Soltanto il terzo di questi, che è la meditazione, può in qualche modo essere descritto come la meditazione seduta formale, strutturata. Lo *sforzo* e la *consapevolezza* sono delle componenti che devono essere praticate in tutti i tipi di situazioni libere, non strutturate.

1. Il Giusto Sforzo

In generale, il *giusto sforzo* significa avere un approccio energico ed entusiasta per i propri impegni e per le proprie attività. È stato detto che, per praticare il *giusto sforzo*, si deve emulare il sentimento di un elefante che entra in uno stagno di acqua fresca durante il caldo del sole di mezzogiorno, oppure il sentimento di quando si entra in una stanza con l'aria condizionata dopo essere stati fuori al sole. Saremo entusiasti di entrare nel fresco delizioso della stanza. Allo stesso modo, il *giusto sforzo* dovrebbe essere espresso come una risposta entusiasta al compito che stiamo per intraprendere. Cerchiamo comunque di essere chiari su ciò che il giusto sforzo non è. Non è una ricerca faticosa, ostinata, inflessibile dei nostri obiettivi; piuttosto è un approccio energico e positivo per i nostri impegni.

C'è un'altra cautela riguardo al *giusto sforzo*. Non si dovrebbe essere in uno stato di tensione, o in uno stato agitato, eccitato, della mente. Il *giusto sforzo* dovrebbe essere intrapreso con un atteggiamento equilibrato, che unisca il massimo della nostra attenzione con il massimo o l'ottimale del rilassamento, poiché il *giusto sforzo* è quel tipo di equilibrio che combina la vigilanza con il rilassamento.

C'era una yogini Tibetana molto conosciuta che era solita dire ai suoi studenti: "Svegli! Svegli! Rilassatevi, rilassatevi!". Proprio come una corda musicale che non è stata tirata né troppo stretta, né troppo lenta, così da produrre un suono più armonioso. Similmente il *giusto sforzo* è come "accordare" la mente in una maniera tale da non essere né troppo tesa né troppo indolente.

In modo specifico, nella tradizione Buddhista, il *giusto sforzo* è applicato in quattro modi: lo sforzo di evitare il sorgere di pensieri malsani, quello per abbandonarli una volta che sono sorti, quello di coltivare pensieri sani (pensieri liberi da avarizia, rabbia e illusioni), e lo sforzo di mantenere quel tipo di pensiero quando è sorto. Questi quattro sforzi si applicano alle nostre attività mentali, alla condizione della nostra mente, durante tutti gli stati consapevoli.

Questa enfasi che il Buddha ha posto sul *giusto sforzo* è completamente in armonia con la sua enfasi sull'individuo responsabile e che determina il proprio destino.

C'erano, al tempo di Buddha, come ci sono ora, altri punti di vista intorno alle forze che formano e decidono il destino dell'uomo. Un punto di vista predominante era quello che il destino dell'uomo fosse determinato da forze non soggettive, dal fato. C'era un maestro (Makkhali Gosala) che insegnò che la Liberazione sarebbe avvenuta in un certo momento predestinato. D'altra parte, c'erano altri che appartenevano alla religione sacrificale dei Veda, una scuola di pensiero che credeva nella clemenza di un essere supremo che poteva garantire la Salvezza. Secondo questi punti di vista ci si deve affidare a un potere al di fuori di se stessi per ottenere la Liberazione.

Buddha rifiutò tali idee e pose la responsabilità del conseguimento della Libertà o dell'essere legato al ciclo di nascita e morte, proprio sulle spalle dell'individuo.

La sua enfasi sulla necessità di metterci la propria energia, il proprio sforzo e di tentare comunque lo rende evidente. Una buona indicazione dell'importanza che il Buddha ha posto sul *giusto sforzo*, sulla *giusta concentrazione* e sulla *giusta meditazione* si trova nelle Trentasette Pratiche per ottenere l'Illuminazione. Queste pratiche sono importanti in tutte le Tradizioni Buddiste. Furono insegnate dal Buddha non molto tempo prima che entrasse nel Nirvana definitivo, e questo costituisce un'altra indicazione dell'importanza che aveva dato ad esse. Se diamo uno sguardo a queste Trentasette Pratiche, vediamo che oltre la metà riguardano l'energia, il tentare, lo sforzo, la consapevolezza e la meditazione.

2. La Giusta Consapevolezza

Il fattore successivo del Nobile Ottuplice Sentiero che fa parte del gruppo della *trasformazione della mente* è la consapevolezza: una continua consapevolezza meditativa della propria situazione, delle proprie azioni, parole e pensieri. Buddha disse che la mente è la radice, la fonte di tutte le buone qualità. Ha anche detto che la consapevolezza è "L'unica via verso la libertà dalla sofferenza, l'unica via verso l'Illuminazione". Buddha enfatizzava la consapevolezza perché è l'essere presente che determina se si prende una nuova direzione nella propria vita, nella propria trasformazione.

In assenza di consapevolezza, tutti noi ci comportiamo in un certo senso come gli ingranaggi di una macchina. La maggior parte delle persone hanno familiarità con il lavoro psicologico di Pavlov e il fatto che i suoi cani iniziavano a salivare quando sentivano i passi di coloro che gli davano da mangiare. Questo è l'inizio del principio della risposta condizionata: il principio che insegna che si risponde agli stimoli in modo automatico, meccanico e pre-determinato.

Questo modello non è così sbagliato se consideriamo il comportamento ordinario, disattento, di molti di noi; tuttavia può essere cambiato diventando consapevoli della nostra condizione.

Per questo è stato detto che, quando cammini, Buddhismo significa non inciampare; quando guidi l'automobile, Buddhismo significa non avere un incidente; quando prepari una tazza di tè, Buddhismo significa farlo bene, perché stai attento a quello che fai. Non lasciare che la tua mente vaghi qua e là.

Questo tende a succedere a tutti noi: quando parli con qualcuno, la tua mente può essere occupata con qualcosa che è successo poche ore prima, o può "correre" in avanti a qualcosa che tu prevedi potrebbe accadere nel futuro. Le nostre menti sono molto raramente presenti in ciò che stiamo facendo: si trovano qua e là e da tutte le parti.

Tutto ciò può soltanto diminuire la nostra efficienza: questa è un'applicazione molto pratica della consapevolezza: se si volesse migliorare la nostra produttività ed efficienza, si dovrebbe praticare la consapevolezza, perché certamente quando la propria mente è focalizzata su ciò che si sta facendo, lo si farà con molta più efficienza.

Coltivare la consapevolezza può trasformare la propria vita in un modo molto specifico e radicale. Questo era inteso dal Buddha quando disse che la consapevolezza fonte di vita e la non-consapevolezza di morte. Questo si può interpretare in una maniera molto banale e prosaica, dicendo che se non si è attenti mentre si attraversa la strada si potrebbe finire per morire; ma ciò che il Buddha voleva dire è che la consapevolezza è la causa del Nirvana mentre la non-consapevolezza è la causa della ripetizione di nascita e morte nel ciclo del Samsara.

Il Buddha e altri maestri Buddhisti hanno citato degli esempi di individui che hanno cambiato le loro vite attraverso la pratica della consapevolezza. Nanda, il fratellastro di Buddha, era ossessionato dalla sensualità. Tuttavia, mediante la consapevolezza, fu in grado di controllare la sua ossessione e divenne noto per essere il più capace nel controllo dei sensi. Allo stesso modo, anche Angulimala modificò la propria vita.

La consapevolezza è particolarmente importante perché la tradizione Buddhista insegna che la mente è il bene più prezioso che abbiamo. Nelle fasi più evolute del Buddhismo – il Mahayana e il Vajrayana – la mente viene paragonata ad una gemma in grado di esaudire i desideri, poiché essa ci può dare sia il Nirvana che il Samsara.

La mente è la radice del ciclo di nascita e morte, ed è anche la radice dell'Illuminazione. La mente è anche paragonata a un cristallo: se mettete un cristallo davanti ad uno sfondo rosso, apparirà rosso, se lo mettete davanti ad uno sfondo blu, apparirà blu. La mente è fatta allo stesso modo. Se è influenzata dalle afflizioni – avidità, rabbia e illusione – allora apparirà il Samsara: ma quando è condizionata dagli opposti - che sono la non-avidità, la non-rabbia e la non-illusione – allora apparirà il Nirvana.

La mente è l'origine di tutte queste cose quindi è il bene più prezioso che abbiamo. Se la mente è così preziosa, è ragionevole porre la nostra attenzione su di essa. Si dovrebbe osservarla bene, con attenzione.

Nella tradizione Tibetana, si dice che se hai un bel cavallo dovresti guardarlo bene e prendertene cura. La stessa cosa vale per la mente: si dovrebbe tenerla d'occhio e prendersene cura.

Si dovrebbe liberare la mente dal coinvolgimento ossessivo dei piaceri sensuali. Questo non vuol dire che si dovrebbe evitare il mondo degli oggetti di senso. Non significa che si dovrebbe costruire simbolicamente un muro intorno a sé o che si dovrebbero chiudere gli occhi, tappare le orecchie e chiudere il naso. Buddha disse che gli oggetti dei sensi sono come trappole, ma il praticante che sa come evitare di essere catturato da loro è come un daino che può giacere su una trappola nella foresta senza essere catturato: è in grado di andare via.

Perciò, l'idea non è quella di scappare dagli oggetti dei sensi ma di evitare di esserne catturati. Consapevolezza vuol dire essere consci dei pericoli dell'impigliarsi nei piaceri dei sensi e controllare la mente. La consapevolezza ci permette di trattenere la mente dal correre in modo incontrollato dietro agli stimoli, di frenarla nel reagire in modo meccanico alle sollecitazioni dei sensi.

Precisamente, la tradizione Buddhista parla delle 'quattro applicazioni' o 'condizioni della consapevolezza' riferendosi alla sua applicazione riguardo al corpo, ai sentimenti, alle percezioni e alla mente stessa. Questa è un'applicazione sistematica e progressiva del principio di attenzione in aree specifiche dell'esperienza personale. Queste aree specifiche sono analoghe ai fattori fisici e mentali dell'esperienza individuale che abbiamo nell'Insegnamento dei cinque aggregati – le cose (nostro corpo e gli oggetti fisici intorno a noi), il sentimento (componente emotiva), la percezione (componente intellettiva), le costruzioni mentali (componente relativa alla volontà) e la coscienza. Le 'quattro applicazioni della consapevolezza' esauriscono le varie aree dell'esperienza personale.

In termini pratici, la consapevolezza è l'essere conscio di ciò che si fa nel mentre lo si fa. Per esempio, quando cammina il monaco sa che sta camminando. Quando sta seduto, sa che sta seduto. Quando è sdraiato, sa che è sdraiato. Quando ha l'esperienza di desideri di natura negativa, è consapevole di averli.

Gradualmente, si può diventare costantemente più coscienti di ciò che si sta facendo. Questa pratica è qualcosa che possiamo fare in tutti i momenti e in tutti i luoghi. Di volta in volta, appena ce lo ricordiamo, possiamo controllare l'attività della nostra mente.

Cosa sta facendo la tua mente in questo momento? Si concentra su ciò che stai facendo qui e adesso, o è da qualche altra parte? Questo tipo di esercizio ripetuto porterà gradualmente ad una consapevolezza che ci permetterà di avere un approccio creativo con ogni esperienza della vita. Nessuno di noi vuole passare la vita come i cani di Pavlov, semplicemente rispondendo agli stimoli. Vorremmo avere un certo controllo sulle nostre attività.

3. La Giusta Meditazione

Diamo ora uno sguardo alla terza componente del gruppo della *trasformazione della mente*, chiamata *meditazione* o *concentrazione*. Questo è ciò che intendiamo con una meditazione formale, in cui si pone l'attenzione su un oggetto; in cui si cerca di raggiungere una mente focalizzata su un punto. Questa pratica di concentrazione della mente è molto antica. Va indietro almeno fino al III° millennio a.C. Questo non è sorprendente dato che la tradizione Buddhista precede il Buddha stesso. Questo si vede nelle stesse affermazioni del Buddha quando dice che il cammino che insegna è antico, così com'è antica la meta che insegna. Questa affermazione è sostenuta dalla tradizione Buddhista dell'esistenza di Buddha precedenti ed è ulteriormente accreditata dall'evidenza letteraria e archeologica. Per esempio, negli scavi di alcune tra le maggiori città della Civiltà della Valle dell'Indus, è stato trovato un certo numero di individui seduti a gambe incrociate, con i palmi delle mani distesi sulle ginocchia, con gli occhi semi-chiusi, in posture quasi inequivocabilmente di meditazione. Lo Yoga, nel suo significato generale, vuol dire unire. Nel contesto della meditazione, significa unire la mente con un oggetto, fondere o identificare la mente con un oggetto.

La meditazione deve essere compresa alla luce di ciò che abbiamo detto prima riguardo all'attenzione e al rilassamento ottimali. C'è stata molta mistificazione della meditazione e degli stati meditativi. E' importante rendersi conto che sebbene lo stato qualificato della coscienza meditativa è diverso da quello della coscienza ordiaria, come avviene per certi altri stati alterati della coscienza, essa ha un carattere particolare che è molto differente da quegli altri stati. Questo succede perché la condizione qualificata della coscienza meditativa evita gli estremi come il coma o la frenesia: rilassamento e agitazione eccessivi.

Guardiamo per un momento alcuni di questi altri stati della coscienza. Lo stato ipnotico è uno stato semi-conscio, quasi uno stato inconscio passivo poiché il soggetto non può partecipare alla terapia. Allo stesso modo, il sogno ordinario costituisce uno stato altamente rilassato, non strutturato e non guidato della coscienza. Anche lo stato della mente in psicoanalisi non è strutturato, perché al soggetto viene chiesto di fare "libere associazioni". D'altra parte, abbiamo alcune condizioni che sono caratterizzate da eccitazione e agitazione eccessive. Questo è tipico degli stati psicotici e di alcuni stati alterati dovuti all'uso di droghe. Per contro, nello stato meditativo abbiamo un'attenzione ottimale con un rilassamento ottimale, uno stato qualificato che è diverso dagli stati alterati della coscienza, in quanto è uno stato che è caratterizzato da calma e chiarezza.

La Meditazione e la Saggezza

Abbiamo già accennato che la meditazione ha un ruolo particolare nel Buddhismo, un posto speciale che non dovrebbe essere né sottovalutato né sopravvalutato. Ora cerchiamo di parlare di quel posto speciale che è dato alla meditazione nella tradizione Buddhista.

Sappiamo dai racconti della vita del Buddha che Egli, nella ricerca dell'Illuminazione, è andato a trovare due maestri dopo aver lasciato il palazzo di suo padre e che imparò da loro le tecniche meditative.

Gli stati di meditazione che l'aspirante Bodhisattva era in grado di raggiungere attraverso gli insegnamenti di questi due maestri sono del tutto simile ai livelli di concentrazione che sono insegnati nel Buddhismo dove parliamo di quattro o cinque meditazioni della 'sfera della forma', in cui la mente si focalizza su un punto solo, orientata verso oggetti che sono materiali, che hanno una forma. Inoltre parliamo delle quattro meditazioni della 'sfera senza forma', dove gli oggetti verso cui si dirige la coscienza meditativa sono senza forma, così come lo spazio infinito, l'infinito della coscienza e così via. L'aspirante Bodhisattva raggiunse tutti questi stati di meditazione sotto la tutela di quei due maestri. Tuttavia, li lasciò per cercare altro. Continuò a seguire il cammino dell'austerità. Quando finalmente tornò alla meditazione, era cambiato qualcosa nel suo modo di meditare. Questa è la chiave per capire il posto della meditazione all'interno della tradizione Buddhista.

Il raggiungimento supremo nella tradizione yogica è l'acquisizione di questo stato altamente concentrato della coscienza orientata verso un oggetto immateriale, uno stato concentrato senza forma. Questa acquisizione non è lo scopo del Buddhismo perché secondo il Buddha, sebbene la meditazione ci può portare all'apice del *Samsara*, non ci può liberare se non è associata alla Saggezza. Prima o poi, quando il potere di quell'assorbimento meditativo è esaurito, si tornerà di nuovo ad uno stato inferiore di esistenza. Perciò, si potrebbe dire che attraverso la sola pratica della meditazione, si può arrivare in cima alla ruota del *Samsara*, ma non ci si può liberare se non si associa la meditazione alla Saggezza.

Questo è ciò che il Buddha fece la notte della sua Illuminazione. Disse che in quella notte, con la sua mente concentrata, resa docile e pura mediante la pratica di meditazione, la diresse verso il ricordo delle sue vite precedenti, alla percezione degli effetti del karma e infine alle cause di sofferenza e rinascita.

L'associazione della meditazione con la Saggezza è come guardare un dipinto in una stanza buia con l'aiuto di una torcia. Se la torcia non è stabile a causa di una mano tremante o perché ci sono delle correnti d'aria nella stanza, sarà difficile vedere il dipinto. Similmente, se si vuole vedere la realtà chiaramente, la mente deve essere calma, protetta dai soffi della distrazione.

Perciò, nel Buddhismo, la meditazione è strumentale. E' un mezzo per uno scopo, non uno scopo in se stesso. Buona parte della letteratura Buddhista è dedicata a puntualizzare alcune insidie che ci sono nel praticare la meditazione semplice, senza Saggezza.

Cosa sono queste insidie? La meditazione senza Saggezza può portare all'illusione di un'essenza suprema, di un super-io, di un'anima suprema o di un dio supremo. Può condurre al desiderio della ripetizione di quelle esperienze meditative. Può condurre all'orgoglio o all'arroganza. Quindi, l'importanza di associare la meditazione alla Saggezza, prima di tutto, è quella di evitare di perdersi in qualche tipo di limbo super-conscio, da cui si dovrà alla fine emergere e rientrare nel ciclo di nascita e morte. La questione di associare la meditazione alla Saggezza è stata ripetuta dal Buddha stesso e dai Maestri Buddhisti, fino al tempo attuale. Nagarjuna, attivo in India nel II° secolo, dice che senza la meditazione non c'è Saggezza e senza la Saggezza non c'è meditazione. Ma per chi associa la meditazione alla Saggezza, l'intero oceano del *Samsara* è come l'acqua nell'impronta di uno zoccolo di mucca nel fango, dopo uno scroscio di pioggia.

Hui Neng, il Sesto Patriarca della Cina, disse che la Saggezza e la meditazione vanno insieme come una lampada e la sua luce.

Per ottenere una mente focalizzata su un punto, che è l'oggetto della meditazione, è importante evitare le distrazioni e gli attaccamenti. Questo non contraddice ciò che è stato detto prima riguardo all'enfasi sulle proprie attitudini verso gli oggetti dei sensi piuttosto che gli oggetti dei sensi stessi. Ovviamente, se cerchiamo di calmare la mente, di focalizzarla su un oggetto, è importante minimizzare e, per quanto possibile, evitare le distrazioni e gli attaccamenti. Lo possiamo vedere tutti, per esempio, se ci accade di scrivere una relazione e, nello stesso tempo, vediamo uno spettacolo televisivo a cui siamo interessati: questa è una distrazione che porterà via la concentrazione dalla relazione. Allo stesso modo, se ci accade di essere innamorati o in discussione con qualcuno, questo attaccamento o coinvolgimento emotivo ci porterà via dalla nostra concentrazione. Affinché la concentrazione possa essere acquisita più facilmente, è importante sottrarsi alle distrazioni e agli attaccamenti il più possibile. Una buona maniera per farlo è quella di isolare il corpo, la voce e la mente. Questo è difficile per la maggior parte delle persone che hanno lavori a tempo pieno e molte responsabilità temporali. Ciò nonostante, è un modo estremamente efficace lasciarsi andare a qualche serio sforzo sulla meditazione, creare una situazione anche per pochi giorni o per una settimana, dove si è isolati dalle distrazioni e dalle attività ordinarie che costituiscono le nostre vite di tutti i giorni. Un modo in cui questo si fa spesso nella tradizione Buddhista è quello di avere una stanza per se stessi e di mettere da parte una bel po' di tempo ogni giorno da dedicare alla meditazione e di astenersi dall'allontanarsi da quel posto di meditazione.

Ovviamente, si può andare a fare una passeggiata per alleviare quell'isolamento, ma non si dovrebbe andare giù in città e mangiare un gelato o vedere un film, ecc. Questi sono i preliminari o i prerequisiti per veramente cominciare a mettere in pratica il dominio della propria mente.

Se non potete farlo in questo momento della vostra vita, non c'è niente che possa impedirvi di praticare la meditazione per periodi relativamente brevi alla sera o al mattino nella vostra casa. Se state per farlo perché non siete in grado di creare una situazione di isolamento, allora dovreste essere chiari e attenti a creare circostanze adeguate per meditare all'interno del contesto della vostra vita quotidiana. Il luogo della propria meditazione dovrebbe essere d'aiuto per la meditazione sia fisicamente che mentalmente. Cibo, acqua, protezione ed eventuali farmaci dovrebbero essere facilmente accessibili e appropriati. Il luogo della meditazione dovrebbe essere in ordine e pulito. Il posto a sedere dovrebbe essere comodo e se possibile di fronte a un altare o a una statua del Buddha. Il luogo della meditazione dovrebbe essere libero da distrazioni, da interferenze e da interruzioni da parte di persone ostili alla pratica. Potremmo aggiungere il suggerimento che venga scelto un momento adeguato per la meditazione, un periodo di calma nella casa, quando si è riposati e rinfrescati. In questo ambito, la mattina presto, subito dopo essersi alzati è forse uno dei momenti migliori per praticare la meditazione. Questo perché si è riposati e si ha una mente che non è stata ingombrata o agitata dagli eventi del giorno. Inoltre, è di solito un tempo in cui non si è in uno stato di indolenza come dopo aver mangiato.

Vorrei sottolineare che, oltre a creare una situazione in cui la meditazione possa avere maggiore possibilità di successo, si dovrebbe assumere uno stato mentale felice e rilassato. Non è utile impuntarsi o sforzarsi troppo durante la meditazione, come se fossimo la corda troppo tesa di una chitarra, che potrebbe rompersi facilmente. Questa è la causa più comune dei problemi nella meditazione. Non esagerate. La meditazione non dovrebbe diventare un'esperienza stressante, poiché questo potrebbe creare una resistenza alla meditazione tanto da divenire un grande ostacolo.

Metodi per Raggiungere lo Stato di Calma

Osserviamo le varie tecniche utilizzate nel Buddhismo per concentrare la mente. Ancora una volta sarà utile ricordare le analogie terapeutiche di cui abbiamo parlato prima. Si può pensare a tutte le pratiche Buddiste come ad una terapia. Ciò vuol dire che possiamo avere particolari problemi, lamentele o disturbi, ma abbiamo anche delle terapie, dei rimedi e dei trattamenti per questi problemi. Similmente, nel contesto della meditazione esistono ostacoli e impedimenti, ma abbiamo delle modalità per superarli.

1. La Tradizione Theravada

Guardiamo prima lo schema delineato nelle tradizioni Theravada e Abhidharma e poi quello della tradizione Mahayana. Questi schemi non sono in contraddizione, sebbene lievemente differenti. Nelle tradizioni Theravada e Abhidharma, sono indicati cinque impedimenti, o ostacoli, alla concentrazione. Questi sono: la bramosia (o desiderio sensuale), la cattiva volontà, il dubbio, l'indolenza o il torpore, l'agitazione o la preoccupazione. Possiamo vedere che questi cinque impedimenti appartengono a cinque categorie leggermente differenti dell'esperienza. Per esempio, l'indolenza e il torpore e l'agitazione e la preoccupazione sono, tutto sommato, delle categorie emotive dell'esperienza. Hanno a che fare con i sentimenti, con le proprie attitudini. L'indolenza e il torpore sono un atteggiamento di inattività, di ottusità, di stordimento, di sonnolenza. L'agitazione e la preoccupazione sono uno stato di eccitazione. A questo riguardo, ricorderete che la meditazione cerca di evitare gli estremi degli stati alterati della coscienza – sia il torpore che l'agitazione.

Poi troviamo quelli che potrebbero essere chiamati gli ostacoli della volontà – la bramosia o il desiderio sensuale, da una parte, e la cattiva volontà dall'altra.

Infine il dubbio, che è una specie di indecisione o di esitazione da parte della mente. Questo può essere chiamato un impedimento intellettuale.

Abbiamo questi cinque impedimenti alla concentrazione e abbiamo cinque antidoti che li correggono e contrastano rendendo possibile arrivare alla concentrazione della mente.

Questi antidoti sono chiamati i 'cinque fattori di concentrazione' o i 'cinque fattori di intensificazione'. Consideriamoli uno per uno.

Riguardo all'indolenza e al torpore, abbiamo il fattore correttivo "dell'*applicazione iniziale*" o del *"pensiero discorsivo"*. Si tratta della focalizzazione della mente su un oggetto, della prima collocazione della mente sull'oggetto all'inizio della meditazione. E' descritto come colpire l'oggetto, urtare l'oggetto: direzionare la mente sull'oggetto. E' anche descritto come 'fare montare la mente sull'oggetto', come si monta a cavallo.

L'*applicazione iniziale* si oppone all'indolenza e al torpore, alla condizione ottusa, letargica, assonnata e senza direzione della coscienza.

Per quanto riguarda il dubbio, l'indecisione e il vacillare della mente usiamo il fattore correttivo dell'*applicazione di sostegno*. Questo significa che la focalizzazione continua della mente su un oggetto fa in modo che mentre l'*applicazione iniziale* tiene la mente legata all'oggetto, l'*applicazione di sostegno* continua a mantenerla presente sull'oggetto stesso. Così come un cavaliere dovrà usare una certa fermezza per non cadere dal cavallo, similmente c'è bisogno dell'*applicazione di sostegno* per mantenere la mente sull'oggetto della concentrazione.

Rispetto alla cattiva volontà e l'avversione, usiamo il fattore correttivo dell'interesse. Coltivando l'interesse si può contrastare la cattiva volontà e l'ostilità. Che cos'è l'interesse? L'interesse ispira, incoraggia. Si dice che l'interesse è come quando un uomo perso nel deserto sente parlare di una pozza d'acqua in un'oasi. Sarà interessato!

Questo è importante nell'ambito della meditazione, dato che qualche volta si potrebbe provare ostilità verso la meditazione. Ci saranno momenti in cui ci si sente stufi di stare seduti a gambe incrociate. A quel punto, si ha bisogno di creare interesse per l'obiettivo della meditazione.

Per l'agitazione e le preoccupazioni, c'è il fattore correttivo della felicità, attraverso un senso di serenità e di gioia. Le persone che sono felici e vivono l'esperienza di calma fisica e mentale, sono protette da agitazioni e preoccupazioni.

Infine, abbiamo l'avarizia, o il desiderio per gli oggetti dei sensi. Il fattore mentale correttivo è una mente focalizzata, ovvero di focalizzare la mente su un oggetto. Perché? Perché l'avarizia, o il desiderio per gli oggetti dei sensi, è un allungarsi oltre se stessi, di cercare qualcosa al di fuori di noi. Finché la mente è focalizzata su un oggetto, il desiderio viene corretto perché la mente non è alla ricerca di qualcos'altro.

Questi sono i 'cinque fattori di concentrazione': la pratica iniziale, quella di sostegno, l'interesse, la felicità e la focalizzazione della mente – che correggono i cinque ostacoli alla concentrazione.

È importante ricordare che questi cinque fattori non si trovano esclusivamente nella concentrazione meditativa. Si trovano anche in molti altri stati della coscienza. Dovremmo essere attenti alla mistificazione dell'esperienza meditativa. La meditazione non è un mistero. I fattori che contribuiscono alla concentrazione meditativa non sono un mistero.

Per esempio, l'*applicazione iniziale* e quella *di sostegno* sono presenti nella nostra coscienza quotidiana. Sono particolarmente importanti nelle attività intellettuali. L'interesse è qualcosa che tutti conosciamo: se siamo interessati a qualcosa, ne siamo presi. Di solito riusciamo a fare molto bene ciò che ci interessa.

Possiamo facilmente vedere l'importanza cruciale dell'interesse. Tutti noi abbiamo conosciuto persone anziane, di una certa età, che scivolano rapidamente nella senilità e nella morte perché una volta che sono andati in pensione non hanno avuto più interessi. D'altra parte, abbiamo tutti conosciuto persone anziane che hanno degli interessi e che rimangono vitali, vigili e in salute fino a tarda età. Similmente, un bambino che è interessato ai suoi studi avrà buoni risultati: non li farà altrettanto bene se non è interessato.

Tutti abbiamo anche familiarità con la felicità. Ogni tanto ci capita di vivere l'esperienza della felicità. In conclusione, si potrebbe pensare che sicuramente la focalizzazione della mente debba appartenere soltanto all'esperienza meditativa, ma non è così.

Ogni momento cosciente contiene un elemento in cui risulta focalizzarsi su qualcosa. Se la capacità di focalizzare non fosse presente nella coscienza di tutti, non saremmo in grado di scegliere un oggetto tra altri oggetti. Senza il fattore di focalizzazione, la coscienza sarebbe sempre amorfa, un continuum diffuso. Quando un singolo oggetto è distinto dalla marea generale indifferenziata dell'esperienza - come, per esempio, la mia voce, un'immagine, un profumo, ed è focalizzata su qualcosa, anche per un solo momento – questo è lo stato di focalizzazione. Certamente, quando la capacità di focalizzazione si è sviluppata fino al suo potenziale ultimo, allora diventa sinonimo dell'acquisizione di stati supernormali di concentrazione.

Questi cinque fattori possono essere coltivati per ottenere benefici a breve termine, così come per realizzare benefici a lungo termine. Questo è un aspetto che caratterizza il Buddhismo: la presentazione di obiettivi a breve termine e di obiettivi a lungo termine.

Si è detto che la pratica del Buddhismo porta dapprima a prosperità e felicità ed infine, conduce alla libertà. Anche in questo caso, la pratica di concentrazione può essere coltivata inizialmente allo scopo di determinare maggior successo o efficienza nella propria vita personale o professionale; tuttavia, se la concentrazione si sviluppa in modo sufficiente ed è associata alla Saggezza, i 'cinque fattori di concentrazione' diventano elementi importanti per raggiungere l'Illuminazione.

2. La Tradizione Mahayana

Lo schema che troviamo diffuso nelle tradizioni Theravada e Abhidharma è solo leggermente modificato nella tradizione Mahayana della quale ci stiamo occupando: non c'è una differenza radicale tra le due. Ciò che troviamo in questa tradizione è che i concetti implicati si spogliano da una carica morale.

Nella tradizione Theravada i 'cinque ostacoli' sono visti come dei "furfanti" familiari, sono dei problemi come desiderio o cattiva volontà.

Nella descrizione Mahayana, quei fattori sono visti più come degli aspetti tecnici riguardanti quelle dinamiche utili per acquisire la concentrazione mentale.

Che cosa sono questi cinque ostacoli nel Mahayana?

Il primo è la 'pigrizia' o 'indolenza'. E' qualcosa di piuttosto simile all'indolenza e al torpore della tradizione Theravada.

Il secondo ostacolo è la dimenticanza.

Il terzo è chiamato "affondare e disperdersi". Si potrebbe descriverlo come 'stagnazione e agitazione'.

Il quarto ostacolo è il fallimento nell'applicare le terapie.

Il quinto è l'eccesso di applicazione delle terapie.

Diamo uno sguardo a questi impedimenti in rapporto ai loro fattori correttivi.

Il primo, indolenza o pigrizia, viene corretto dal desiderio. Alcuni possono trovare peculiare che qui il desiderio funzioni come uno schema terapeutico – perché, dopotutto, nel sistema Theravada, il desiderio è uno degli ostacoli. Dobbiamo ricordare che il desiderio è di due tipi, e dipende dall'oggetto verso il quale è diretto. Il desiderio per gli oggetti dei sensi è una forza vincolante, limitante e crea attaccamento: ma il desiderio per l'Illuminazione è una forza liberante. Il desiderio, come l'elettricità, è semplicemente energia. La cosa importante è come lo si usa.

Allo stesso modo, l'accuratezza, l'energia e lo sforzo sono dei fattori correttivi contro l'indolenza. Anche la fede è un fattore correttivo dell'indolenza, perché se si può sviluppare la fede si può superare la letargia. Il primo ostacolo, quello dell'indolenza o della pigrizia, può essere superato tramite il desiderio, la diligenza e la fede.

Il secondo ostacolo, la dimenticanza, si supera con la memoria, con la consapevolezza. Letteralmente, consapevolezza (mindfulness) vuol dire ricordare e corregge la dimenticanza. Quando si è seduti in meditazione è facile che si dimentichi della ragione perché si sta meditando oppure della sofferenza di tutti gli esseri senzienti, della gentilezza di nostra madre, del fatto che tutti gli esseri senzienti sono stati nostra madre, dei metodi specifici di meditazione, ecc.

Essendo e restando consapevoli di questi insegnamenti e delle istruzioni, mediante il ricordarsi, possiamo correggere la dimenticanza.

Il terzo ostacolo, la stagnazione e l'agitazione, viene corretto dalla vigilanza. Ciò vuol dire mantenere uno sguardo vigile su quello che sta succedendo durante la meditazione, in modo di essere consapevoli se stiamo sprofondando in uno stato di stagnazione, di semi-coscienza, o se siamo agitati, con la mente che salta in ogni direzione.

Il quarto ostacolo è l'insuccesso nell'applicare la terapia. Questo è contrastato dall'applicazione della terapia. Quando si vede che si sta verificando un problema – per esempio, l'affondare o il disperdersi – si deve attuare la terapia appropriata.

Allo stesso modo, occorre proteggersi dal quinto impedimento – l'applicazione eccessiva della terapia– mediante l'equanimità o la calma.

La stagnazione e l'agitazione, o l'affondare e il disperdersi, sono due degli impedimenti più comuni alla concentrazione meditativa. Sono analoghi al super-rilassamento e alla tensione eccessiva. Sono affini anche alla situazione che si presenta nei vari stati di coscienza alterata di cui abbiamo parlato. Ci sono numerose tecniche consigliate per contrastare questi problemi. Queste tecniche possono essere attuate non solo nel contesto dell'attività mentale che si svolge in un processo di meditazione, ma anche nel contesto dell'ambiente in cui facciamo la meditazione.

Nell'ambito dell'attività mentale della meditazione, la stagnazione può essere contrastata attraverso l'*applicazione iniziale* e l'interesse. L'agitazione può essere contrastata mediante la felicità e la focalizzazione.

Anche riguardo all'ambiente di meditazione ci sono delle possibili risorse quali fattori correttivi; per esempio, se si hanno delle difficoltà con lo sprofondare e la stagnazione, è possibile contrastarli sedendoci in meditazione per periodi più brevi. Un altro fattore correttivo è quello di utilizzare un cuscino o una seduta più alti nel fare meditazione. Si possono anche indossare abiti più leggeri. In climi freschi, si può aprire la finestra per abbassare la temperatura.

Un altro metodo è quello di mangiare meno cibo.

Se il problema è opposto – quello di disperdersi o di agitarsi – si possono applicare fattori correttivi opposti: trascorrere più tempo in meditazione, usare una seduta più bassa, mangiare di più e indossare abiti più caldi.

Quindi, si possono applicare sia fattori correttivi mentali che ambientali per questi problemi molto comuni come l'affondare e l'agitazione.

Nella tradizione di Asanga e Vasubandhu, la tradizione che fornisce la base delle tecniche meditative Mahayana, tramandate ad Asanga dal celestiale Bodhisattva Maitreya, si elencano nove fattori di concentrazione attraverso i quali la concentrazione focalizzata può essere raggiunta.

Ancora una volta, notiamo certe affinità tra questi e i fattori di concentrazione trovati nella tradizione Theravada. I primi due sono gli stessi della tradizione Theravada: l'*applicazione iniziale* e l'*applicazione di sostegno*. Il terzo è chiamato *riassestamento consapevole*. Dobbiamo cercare di comprendere queste tecniche nel contesto dell'esperienza meditativa.

Cerchiamo di considerare l'esperienza meditativa con l'occhio della mente. Praticando la *collocazione iniziale* e quella *di sostegno* della mente sull'oggetto di meditazione, la mente si allontana dall'oggetto se non si è molto abili nel creare una coscienza meditativa.

Questo deve essere corretto dal terzo fattore consigliato qui: la tecnica chiamata *riassestamento conscio*. Ci rendiamo conto che la nostra mente si è allontanata dall'oggetto e consapevolmente la dirigiamo nuovamente sull'oggetto. Questo è seguito dalla quarta tecnica, che è quella di sostenere la focalizzazione della mente sull'oggetto. La quinta tecnica si riferisce a come addomesticare la mente e a disciplinarla. Allora, una volta che si è diretta nuovamente sull'oggetto, ci sarà una tendenza della mente di ribellarsi contro questa collocazione, vissuta come costrizione. Perciò la mente deve essere consapevolmente domata. Il sesto fattore è chiamato di pacificazione e avviene dopo aver "domato" la mente. Pacificazione vuol dire che la natura ribelle della mente che è inizialmente corretta domandola o disciplinandola, successivamente viene pacificata con la moderazione.

È molto comune nella tradizione Buddhista usare la metafora di domare un animale per descrivere il processo di apprendimento come concentrare la mente in meditazione. Domare la mente è simile a domare un cavallo. La pacificazione è il passo successivo nel processo, quando l'animale non si ribella più, quando non ha più bisogno che ci sia una mano che tiene le redini.

Il passo successivo, il settimo fattore, è chiamato la *pacificazione incrementata'* e questo si verifica quando il cavallo non solo è domato, ma inizia davvero a sentirsi a suo agio nel proprio ruolo: quando inizia a gioire di uscire per una corsa con qualcuno sulla sua groppa. A questo livello di meditazione, la mente è inondata da un senso di benessere, da un senso di pace.

L'ottavo livello in questo processo è quello di una *concentrazione focalizzata.* Una volta che la mente è passata attraverso le fasi precedenti, dall'*applicazione iniziale* alla *pacificazione incrementata,* raggiunge la *concentrazione focalizzata.*

Infine, il nono livello è l'acquisizione del piazzamento della *concentrazione focalizzata senza sforzo.* Quello che inizialmente era il risultato di una pratica molto scrupolosa ed effettuata attraverso passi molto piccoli, può ora essere raggiunto spontaneamente e immediatamente.

Le Quattro Esperienze Psichiche

C'è un incoraggiamento per chiunque abbia cercato di meditare e lo abbia trovato molto difficile. La tradizione Tibetana identifica quattro tipi di esperienze psichiche lungo il cammino per arrivare alla *concentrazione focalizzata.* Guardando questi quattro tipi di esperienze psichiche, comprendiamo le fasi attraverso le quali dobbiamo passare per sviluppare una mente concentrata.

Saremo preavvisati dell'esistenza di queste fasi e sapremo come trattarle. Ci sentiremo familiari e a nostro agio quando questi fenomeni sorgeranno. E' come avere una mappa di un paese attraverso il quale dobbiamo viaggiare.

La prima di queste quattro esperienze è paragonata ad una *'cascata di montagna'.* Essa precipita giù. È tumultuosa, irrefrenabile. La prima esperienza che si ha quando ci sediamo a terra in meditazione, sarà l'esperienza della cascata. Avremo l'esperienza di un precipitare di pensieri, di distrazioni. Non sapevamo di avere così tanti pensieri. Questo è spesso male interpretato. Molte volte le persone erroneamente arrivano alla conclusione che la meditazione ha causato un aumento dei pensieri che hanno. Non è così. Quando si mescola dell'acqua in un secchio, diventa torbida perchè lo sporco viene alla superficie. Lo sporco era sempre là, ma l'atto di mescolare l'acqua l'ha portato in superficie. L'atto di focalizzare e concentrare la mente ha portato a galla tutti i pensieri e le distrazioni. Si notano pensieri e distrazioni che prima non avevamo visto.

Inoltre, supponendo che due oggetti stiano entrambi viaggiando alla stessa velocità, saranno immobili se visti l'uno rispetto all'altro, ma se uno degli oggetti rallenta o si ferma il movimento dell'altro diventerà manifesto. Similmente, quando la mente diventa anche solo un poco più stabile, il precipitarsi dei pensieri diventerà più evidente. Non fatevi scoraggiare da questa esperienza della cascata, perché è una conseguenza naturale della meditazione.

La seconda fase dell'esperienza è descritta come 'cascate e stagni'. Questo significa che, quando cresce la capacità di concentrare la mente, ci saranno periodi di calma o di tranquillità. Questi periodi di calma saranno intervallati da quelli dell'esperienza di cascata, quando i pensieri e le distrazioni scorrono attraverso la mente.

La terza fase dell'esperienza è paragonata ad un lago. Un lago è generalmente calmo e tranquillo. Ma un lago ha fiumi e correnti che entrano nelle sue zone periferiche. A questo livello, la calma e concentrazione della propria mente è, in generale, centrale. Diventa quasi, ma non del tutto, totale. Di tanto in tanto, un pensiero apparirà nella zona periferica della mente e sarà assorbito dalla calma e dalla tranquillità che regnano al centro, nel modo in cui l'acqua di una corrente viene assimilata in un lago. Un'increspatura si crea alla periferia, ma viene assorbita nelle profondità tranquille del lago.

Infine, quando la mente focalizzata sarà completamente raggiunta, arriviamo alla quarta fase, dove la nostra esperienza può essere paragonata ad un *oceano senza onde*: un'ampia vastità di acqua assolutamente tranquilla in cui non ci sono increspature, né distrazioni, né correnti di pensiero – soltanto una superficie tranquilla, calma come quella di uno specchio. Quando questo stato è acquisito, abbiamo raggiunto l'estasi o la felicità mentale e fisica: il benessere.

Inoltre, la nostra mente è ora uno strumento valido, in grado di scrutare nel cuore della realtà.

Capitolo VII
LA SAGGEZZA

L'importanza della Saggezza

Siamo arrivati a quello che è considerato il coronamento della tradizione Buddhista della trasformazione della mente, conosciuta per essere l'apice della pratica dello sviluppo mentale in tutte le tradizioni Buddiste: lo sviluppo della comprensione penetrativa o Saggezza (Prajna). Ci sono molte dichiarazioni riguardo al fatto che questo sia l'elemento più importante della pratica Buddhista. Forse una delle migliori è quella espressa da Nagarjuna, uno studioso e Santo del II° secolo, fondatore della Scuola della Via di Mezzo, il quale disse che per la pratica del Buddhismo, erano necessarie due cose: la fede e la Saggezza. Di queste, la Saggezza è quella principale, mentre la fede è un preliminare.

Possiamo vedere l'importanza della Saggezza se guardiamo i vari schemi di pratica nelle Tradizioni Buddhiste. Per esempio, tra gli aspetti fondamentali della tradizione Buddhista, nel Nobile Ottuplice Sentiero, la Saggezza è la terza dei tre tipi di pratica (gli altri due sono l'Etica e la trasformazione della mente). Ancora, nella pratica delle Perfezioni del Bodhisattva, la Saggezza è la sesta Perfezione, ed ha un ruolo molto speciale.

In questo contesto, abbiamo parlato di Saggezza come di una guida vedente con il cui aiuto un gruppo di uomini ciechi potrebbe con successo raggiungere la meta senza correre pericolo.

Nel Bodhisattvacaryavatara (o Bodhicaryavatara "La Via del Bodhisattva"), Shantideva ha detto che grazie alla Saggezza il Buddha ha potuto insegnare tutte le pratiche esistite fin dall'inizio dei tempi. Così, la Saggezza è la componente più importante per trasformare l'esperienza di un essere vivente ordinario nella Condizione Illuminata e Trasformata di un Buddha.

La Saggezza, o comprensione penetrativa, non è cumulativa. Non è l'acquisizione di conoscenza. Un filosofo Taoista, Lao-Tse, ha detto che lo studente apprende accumulando, il saggio impara scartando. Anche qui, stiamo parlando della comprensione penetrativa, della Saggezza permanente, non dell'accumulo di conoscenza, e neanche della Saggezza ordinaria. Stiamo parlando del vedere dentro le cose, del vedere oltre la superficie.

Possiamo vedere il ruolo molto speciale che ha questo genere di comprensione penetrativa, osservando la vita del Buddha. Nel suo racconto dell'esperienza nella notte dell'Illuminazione, dice che in quella notte, con la mente resa docile e purificata dalla meditazione, diresse la propria mente verso la comprensione delle cose come sono realmente.

Secondo il racconto tradizionale vi furono tre tipi di conoscenza ottenuti dal Buddha in quella notte, durante le tre visioni.

Durante la prima visione, Buddha diresse la mente verso il ricordo delle proprie vite precedenti. Ricordò le circostanze in cui era nato, quali erano stati i suoi nomi, quali le sue occupazioni, e così via. Nella seconda visione, diresse la mente verso la conoscenza della legge del karma, la legge di causa ed effetto nelle vite degli esseri senzienti, e fu in grado di vedere come gli esseri viventi che sono autori di azioni positive fanno esperienza di rinascite fortunate mentre gli esseri viventi autori di azioni negative fanno esperienza di rinascite sfortunate. Infine, nella terza visione, il Buddha diresse la mente verso la comprensione delle cause di sofferenza e di rinascita.

Da lì è nata la comprensione che le cause di sofferenza e di rinascita sono l'ignoranza, il desiderio e la cattiva volontà.

Possiamo usare l'immagine dell'alba, del sole che sorge: proprio come sorge la luce del nuovo giorno, così la luce della Saggezza, mediante la quale Buddha ha compreso le cause di sofferenza e di rinascita, albeggia su di lui. Di nuovo vediamo l'importanza della Saggezza, perché più di qualunque altra pratica, più della pratica delle perfezioni di generosità, moralità, pazienza, energia e concentrazione durante innumerevoli vite, è la Saggezza che trasforma un essere senziente non illuminato in un Buddha.

E' per questo che alcune Tradizioni Buddiste, come quella Zen, mettono molta enfasi sull'idea dell'Illuminazione istantanea: perché la Saggezza sorge all'improvviso, come quando si scala una roccia e si raggiunge la cima, e al momento in cui si guarda oltre la parete, all'improvviso si vede quel che si trova dall'altra parte. Allo stesso modo, quando la luce della Saggezza albeggia, sorge all'improvviso la luce della Conoscenza.

In generale, nella tradizione Buddhista e in particolare in quella Mahayana, questa Saggezza è di due tipi: la Saggezza dell'inconsistenza della personalità (Pudgalanairatmya) e quella dell'inconsistenza dei fenomeni (Dharmanairatmya).

È importante ricordare che nel Buddhismo lo sviluppo della Saggezza dell'inconsistenza della personalità e dei fenomeni sono dispositivi pedagogici. Questo può essere illustrato con la parabola della zattera: il Buddha parla di un uomo che, trovandosi sulla riva di un fiume, costruisce una zattera allo scopo di attraversare il fiume. Se l'uomo, dopo aver raggiunto l'altra riva, pensasse che la zattera potrebbe tornargli utile e proseguisse il viaggio portandosela sulle spalle, sarebbe molto sciocco. Similmente, Buddha disse che coloro che trovano un insegnamento particolarmente utile per superare un certo problema, non continuino ad aggrapparsi a quell'insegnamento anche dopo che ha cessato di essere valido e utile. In questo modo abbiamo una specie di terapia progressiva nel Buddhismo, dove in ogni situazione particolare una certa terapia esercita il suo effetto curativo e poi viene abbandonata. Un'altra terapia prenderà il suo posto per prendersi cura della fase successiva del disturbo. Si dice qualche volta che il Buddhismo è una tradizione che toglie tutto, incluso - da ultimo - anche il Buddhismo stesso.

Il detto Zen: "Se incontri il Buddha per strada, uccidilo" – parla dal punto di vista di una natura trasformata dell'essere. Vuol dire che quando non hai più il mal di testa, non hai più bisogno dell'aspirina. Ugualmente, quando diventi un Buddha, non hai più bisogno di un Buddha.

In questo ambito, inizieremo ad esaminare l'inconsistenza della personalità, la dottrina Buddhista del non-sé (*anatman*). Questa comprensione viene scartata e sostituita con quella dell'inconsistenza dei fenomeni, che viene anch'essa abbandonata quando siamo guariti e non abbiamo più bisogno delle terapie.

L'Inconsistenza della Personalità

Ci sono due metodi di indagine che rivelano l'inconsistenza della personalità. Il primo e meglio conosciuto è quello analitico, che procede attraverso un'analisi del carattere nei termini dei cinque aggregati o dei costituenti dell'esistenza psicofisica (gli *skandha* – oggetti, sentimenti, percezioni, volontà e coscienza). L'altro metodo è l'indagine relazionale o sintetica che rivela la natura condizionata e relativa della personalità.

1. L'Indagine Analitica della Personalità

Il metodo analitico suddivide nelle sue singole parti ciò che apparentemente è un'entità unitaria e omogenea. Questo avviene mediante l'analisi della personalità nelle sue parti costituenti, suddivise nei cinque aggregati. Attraverso questa indagine analitica, si arriva ad una considerazione della personalità in cui ciò che è il cosiddetto "ego", "il sé", "la persona", è soltanto un nome che descrive un insieme di componenti, così come il termine "foresta" lo è per un insieme di alberi, o il termine "carro" per un insieme di parti unite in un particolare modo. Mediante l'applicazione di questa investigazione analitica, arriviamo a vedere che la personalità, il cosiddetto "io", "l'ego", "il sé", "la persona" è soltanto un nome utile per raggruppare un certo numero di fattori, appunto nello stesso modo in cui "foresta" è solo un nome appropriato per un insieme di alberi o il termine "carro" per una collezione di parti messe insieme in una maniera particolare. Attraverso il processo di analisi noi arriviamo ad una visione della personalità in cui il sé è semplicemente un concetto appropriato per un insieme di fattori fisici e mentali.

Per esempio, se il carattere fosse il corpo, allora sarebbe soggetto a tutte le trasformazioni che succedono al corpo. Il carattere cambierebbe insieme al corpo, ma in realtà ciò non accade. Perciò il corpo e la personalità non sono la stessa cosa. Per di più, il sé o la personalità non controlla il corpo. Se fosse così, sarebbe in grado di dare forma al corpo, dirigerlo e condizionarlo secondo la sua volontà. Tutti noi sappiamo che non lo possiamo fare. Non possiamo decidere che il nostro corpo sia alto o basso, grasso o magro. Inoltre, la personalità o il sé non si trovano nel corpo. Ci sono famose analisi esaurienti su questo nei Testi Buddhisti. I capelli non sono il sé, i denti non lo sono e il muco e la saliva non sono il sé. Allo stesso modo, il corpo non è la personalità. La personalità non è qualcosa di più grande o più piccolo del corpo; se fosse così, dovremmo trovare prima la personalità in modo da poter dire che il corpo è qualcosa che è all'interno della personalità stessa.

In queste quattro modalità d'investigazione, il sé non si trova in rapporto al corpo – il sé non è il corpo, non lo possiede, non si trova al suo interno, né si può trovare la personalità all'esterno del corpo.

La stessa cosa vale per gli altri aggregati come i sentimenti, le percezioni o idee, la volontà o le abitudini e la coscienza.

Il sentimento non è il sé. Il sé non è il nostro sentire piacere, dolore o indifferenza. Il sé né controlla né possiede il sentimento. Non può decidere di essere felice, sentire dolore o indifferenza. Il sé non si trova nel sentimento.

La personalità non si trova in nessuno di questi aggregati. Non controlla nessuno di questi aggregati. Non è identica a nessuno di questi aggregati. In questo modo, il sé non si trova in nessuno di essi. E' soltanto una denominazione utile per l'insieme di questi aggregati.

Si dovrebbe sottolineare, però, che non stiamo negando ciò che potremmo chiamare la personalità convenzionale, o empirica: quella che usiamo nel linguaggio di tutti i giorni.

Questo fraintendimento è causa di una grande confusione. Alcune persone pensano che il Buddhismo neghi questo "io" convenzionale. Non è questo il caso. Ciò che il Buddhismo nega è la nozione di una personalità o di un sé permanente, immutabile.

Potrebbe anche essere facile affermare che è impossibile che qualcuno creda seriamente in un sé immutabile, eppure tutti abbiamo sentito dire qualche volta: "Sono così, non posso cambiare. Questa è la mia natura". Queste affermazioni riflettono il credo in un sé permanente e immutabile. Questo è il sé che stiamo negando qui, che viene esaminato analiticamente.

C'è un modo più generale di vedere i cinque aggregati: essi possono essere suddivisi in componenti soggettive e oggettive. La coscienza, la volontà, la percezione e i sentimenti sono le componenti soggettive nell'esperienza

(Nama) e la materia (Rupa) provvede quelle oggettive. La nostra esperienza può essere compresa in termini di componenti soggettive e oggettive.

Alla luce di quanto abbiamo detto delle origini della sofferenza, ciò non è sorprendente. Abbiamo detto che il senso del sé dicotomizza l'essere, l'esistenza, l'esperienza nel "sé" e nel "altro", differente dal sé. Questa dicotomia è alla base del desiderio e dell'avversione. Anche qui, nell'analisi dell'esperienza, abbiamo un sé e l'altro – il diverso dal sé. Abbiamo un soggetto e un oggetto. Abbiamo una componente soggettiva che è la mente, insieme alle sue abitudini, idee e sentimenti, e abbiamo una componente oggettiva, costituita dagli organi fisici di senso (occhi, orecchie, naso, lingua e pelle) e dagli oggetti fisici, materiali che ci circondano.

Perciò, possiamo analizzare la personalità in termini di componenti soggettive e oggettive. Possiamo analizzare l'esperienza personale in termini di soggetto e oggetto. Se lo facciamo, troviamo che in tutte le nostre esperienze abbiamo una combinazione di componenti soggettive e oggettive. Per esempio, in un'esperienza visiva abbiamo la mente, gli occhi e l'oggetto visibile che si uniscono per produrre l'esperienza di una forma visiva. Quando guardiamo un oggetto, abbiamo un oggetto visibile che appartiene alla componente oggettiva dell'esperienza, abbiamo l'organo dei sensi, che è materia e che anch'esso appartiene alla componente oggettiva dell'esperienza, e abbiamo la mente – che è la componente soggettiva. Questi tre fattori producono la coscienza visiva.

Nello stesso modo, riguardo all'esperienza uditiva, abbiamo il suono, l'organo dei sensi (l'orecchio) e il momento della coscienza del suono. La stessa cosa succede con gli altri sensi come l'odorato, il gusto e così via.

Scomponendo l'esperienza nelle componenti soggettive e oggettive, possiamo arrivare a una considerazione dell'esperienza in cui abbiamo, per così dire, isolato gli alberi dalla foresta. Non facciamo più la conoscenza della personalità in termini di un sé unitario, opposto a – e in conflitto con – un oggetto unitario. Allora, iniziamo a conoscere la personalità in termini di componenti oggettive e soggettive, che interagiscono secondo processi e cambiano in ogni momento, operando diverse combinazioni per produrre esperienza.

Questa è l'indagine analitica della personalità. È un dissezionare la personalità che ci lascia con le parti che la compongono. Così ci rimane un oggetto materiale, un organo di senso ed un momento di coscienza. Cessiamo di vedere la personalità nei termini di un "io" unitario, immutabile. Invece, iniziamo a vedere la personalità in termini di processi impersonali.

2. L'Indagine relazionale della Personalità

Abbiamo anche un'indagine relazionale, o condizionata, della personalità. Essa dimostra che la personalità esiste solo in relazione a delle cause e a delle condizioni. Cosa sono queste cause e condizioni? Tradizionalmente si dice che siano cinque: l'ignoranza, il desiderio, l'attaccamento, il karma e la nutrizione.

L'ignoranza, il desiderio, l'attaccamento e il karma sono elementi che discendono dalle vite passate. Appartengono al gruppo delle afflizioni (ignoranza, desiderio e attaccamento) e al gruppo delle azioni (il karma) che nel loro insieme costituiscono le cause della rinascita.

La nutrizione è un elemento di questa vita.

Quindi, le cause relazionali della personalità sono le afflizioni e il karma che appartengono alle vite passate e la nutrizione alla vita attuale.

La personalità esiste in rapporto a queste cause, dipende da esse, e ne è condizionata. Attraverso questi due approcci abbiamo, da una parte, l'indagine analitica della complessità intima della personalità, che rivela che essa non è un'entità unitaria – ma piuttosto un insieme di parti – e, dall'altra, abbiamo un tipo di osservazione relazionale che guarda ai rapporti esterni della personalità, cioè il fatto che essa dipende da condizioni esterne. Arriviamo perciò al concetto di inconsistenza intrinseca della personalità.

L' Inconsistenza Intrinseca dei Fenomeni

Abbiamo definito la Saggezza come la comprensione dell'inconsistenza della personalità e di quella dei fenomeni. Guardando l'inconsistenza fenomenica, useremo anche i due procedimenti investigativi: il metodo analitico e quello relazionale.

Cominciamo col guardare ai fenomeni, cioè agli oggetti della nostra coscienza, durante l'osservazione della personalità. Abbiamo diviso la personalità in componenti oggettivi e soggettivi, in oggetti della coscienza rispetto alla coscienza stessa e infine in oggetti della mente e la mente stessa. Ora guardiamo gli oggetti della nostra esperienza, quelli di cui siamo consapevoli. Possiamo iniziare con degli oggetti relativamente semplici che sono intorno a noi. Possiamo cominciare con il tavolo, la sedia, la casa, l'albero.

1. L'Indagine Analitica dei Fenomeni
Guardando a questi oggetti, possiamo di nuovo iniziare un'indagine analitica. Possiamo osservarne le varie parti. Per esempio, il tavolo davanti a me. Possiamo cominciare ad analizzarlo sezionandolo, osservando le sue parti. Così facendo, separeremo la parte alta del tavolo dalla cornice, dalle zampe, dalle traverse, ecc.

Possiamo gradualmente scomporre il tavolo nelle varie parti che lo compongono. Così facendo, separiamo il piano del tavolo dalla cornice, le sue gambe dalle traverse, ecc.. Possiamo scomporre gradualmente il tavolo nei suoi componenti. In questo processo di dissezione di un oggetto della coscienza, riducendo un oggetto materiale nelle sue parti, arriviamo alla fine a ciò che potrebbe essere presa come la più piccola parte costituente della materia. Continuando così la nostra dissezione, arriveremo fino all'atomo.

L'atomo è stato ritenuto essere la componente più piccola e irriducibile sia in India che in Occidente. I Buddhisti mettono in dubbio l'idea dell'unità, definitivamente irriducibile, di un atomo. Essi hanno dimostrato che anche l'atomo è divisibile. Lo fanno mediante il seguente ragionamento. Se una cosa è composta da atomi, l'unico modo in cui gli atomi possono unirsi per formare un oggetto è quello di disporre se stessi in una particolare formazione. Gli atomi, per disporsi in una forma particolare e unirsi insieme, devono toccarsi. Se due o più atomi si riuniscono, ci sarà un lato vicino all'atomo accanto, un lato lontano, una parte superiore, una base, una parte sinistra e destra dell'atomo. Se l'atomo ha tutte queste parti, allora non è indivisibile. Anche l'apparente irriducibilità dell'atomo può essere ulteriormente suddivisa. Attraverso questo procedimento analitico, arrivano alla nozione della divisibilità infinita dell'atomo, che equivale ad arrivare alla divisibilità infinita della materia.

2. L'Indagine relazionale dei Fenomeni

Come applichiamo l'indagine sintetica alla personalità, possiamo farlo anche per gli oggetti della coscienza. In questo contesto, l'esistenza degli oggetti della coscienza dipende dalle loro rispettive cause e condizioni. L'esempio classico è il caso del germoglio. Esso non esiste in modo indipendente. Dipende dal seme, dal terreno, dall'acqua, dall'aria e dal sole. Un altro esempio classico è la fiamma in una lampada ad olio. La fiamma esiste grazie allo stoppino e all'olio. Gli oggetti della coscienza, come appunto il germoglio e la fiamma in una lampada ad olio, dipendono da altri oggetti della coscienza per la loro esistenza. Quando analizziamo gli oggetti materiali, troviamo che possiamo suddividerli in parti più piccole, e più piccole ancora: ma quello non è il solo modo in cui possiamo esaminarli: lo possiamo fare anche con il metodo relazionale. Possiamo guardare i loro rapporti con gli altri oggetti, la loro dipendenza da essi. In entrambi questi modi, arriviamo all'inconsistenza degli oggetti della coscienza.

La Relatività dei Fenomeni e della Coscienza

C'è un altro modo molto importante con il quale possiamo comprendere l'inconsistenza dei fenomeni. Questo è molto usato nella tradizione Mahayana, in particolare nella scuola della "Sola-Mente" (Cittamatra). Secondo questa scuola, si dimostra come gli oggetti della coscienza sono completamente dipendenti dalla coscienza sia per la loro natura che per la loro esistenza.

Ci sono molti argomenti analogici che sono utilizzati per dimostrare il fatto della dipendenza degli oggetti della coscienza dalla coscienza stessa. Forse il migliore tra questi è la classica analogia del sogno. In un sogno è evidente che gli oggetti della coscienza appaiono in assenza di un oggetto fisico. Tutti noi, se esaminiamo obiettivamente le nostre esperienze del sogno, troviamo molto difficile, se non impossibile, sostenere in un modo significativo che si possa distinguere l'esperienza del sogno da quella da svegli.

Un'obiezione a questo è che l'esperienza del sogno può essere distinta da quella da svegli perché quella del sogno non produce effetti fisiologici reali. Questo è stato rifiutato da Vasubandhu che sottolineò che l'esperienza del sogno può portare all'emissione dello sperma. Quindi, nei sogni, le conseguenze fisiologiche possono aver luogo in assenza di un oggetto fisico. Ci sono anche altri esempi. C'è quello dell'alterazione che avviene nella percezione di oggetti quando la coscienza è influenzata da sostanze intossicanti o da droghe. Ugualmente, i disturbi fisici possono alterare il modo in cui gli oggetti si presentano alla coscienza. Una conchiglia bianca, per esempio, appare gialla a chi soffre di itterizia.

Inoltre, l'apparenza degli oggetti dipende dalle tendenze del karma, dallo stato della mente di chi percepisce. Lo stesso oggetto può essere causa di paura per un essere senziente e causa di desiderio per un altro. Tradizionalmente il Buddhismo descrive questa analisi della dipendenza degli oggetti della coscienza in riferimento alle esperienze dei sei regni. Si dice che ciò che appare come acqua agli esseri umani sembra pus o sangue per gli spiriti affamati, sembra ferro fuso per gli esseri infernali e nettare per gli dei.

L'acqua appare loro in maniera differente a causa delle loro tendenze karmiche. Ma non è necessario andare all'interno dei regni della cosmologia Buddhista per comprendere come il carattere degli oggetti viene alterato a seconda di chi li percepisce. Per esempio, una donna desiderabile è un oggetto di desiderio per un uomo, ma un oggetto di nutrimento per un lupo affamato.

Perciò, in tutti questi casi, gli oggetti non hanno una loro natura propria. Sono relativi a chi li percepisce. Il modo in cui sono vissuti dipende dalla coscienza, dallo stato della mente di colui che percepisce. Possono apparire anche soltanto all'interno dei limiti della coscienza, come nell'esempio dei sogni. Queste scoperte, rivelate dalla tradizione Buddhista soprattutto come risultato dell'esperienza meditativa, sono state confermate poi anche dall'evidenza clinica accumulata nelle ultime decadi. Sono state sostenute da studi degli stati alterati della coscienza indotti da farmaci e confermati da esperimenti di deprivazione sensoriale. In questi studi è stato scoperto che soggetti posti in situazioni di totale deprivazione sensoriale spesso iniziano a proiettare mondi tri-dimensionali al di fuori della loro mente.

Riassumendo, abbiamo qui un'indagine degli oggetti della coscienza. Prima di tutto, ne abbiamo una analitica nella quale gli oggetti sono sezionati e scomposti nei loro componenti. Gli oggetti materiali sono ridotti ai loro costituenti atomici, ed è stato dimostrato che anche questi costituenti atomici sono divisibili. Segue poi un'indagine relazionale, o sintetica, in cui si dimostra l'interdipendenza tra gli oggetti, come nel caso del germoglio che dipende dal seme, dal terreno, dall'acqua e così via. Perciò, troviamo che gli oggetti dipendono dalla coscienza stessa. Il modo nel quale ci appaiono dipende anch'esso dalla coscienza.

L'Analisi della Coscienza

Fin qui, abbiamo condotto un'indagine analitica e relazionale degli oggetti della coscienza. Ma che cosa sappiamo al riguardo della coscienza e della mente stessa? La coscienza stessa è immune da questo tipo di investigazione analitica e sintetica?

Se questo fosse il caso, la coscienza o la mente diventerebbe il sé, la personalità, la sostanza che abbiamo fin qui eliminato dalle varie componenti dell'esperienza. Ovviamente anche la coscienza stessa non è immune da questi metodi investigativi.

Cominciamo con l'analisi analitica della coscienza. Troviamo un'osservazione analitica in molti testi, soprattutto in quelli della Perfezione della Saggezza (Prajnaparamita). In questi testi si chiede: "La mente è corta o lunga, rotonda o quadrata, è bianca o rossa o blu, è all'interno o fuori o in mezzo?". Ciò rivela che è impossibile inquadrare la mente. Essa è sprovvista di attributi, non può essere identificata dalle emozioni, dagli abitudini o dalle idee. La mente non ha proprietà definibili.

Così come non possiamo trovare nessuna mente quando la sottoponiamo ad un esame analitico, così anche la mente dipende da – o è relativa ad - oggetti della coscienza. Se non c'è nessun oggetto della coscienza, non c'è una coscienza che percepisce gli oggetti. Non c'è nessun soggetto separato dall'oggetto. La coscienza non può percepire se stessa, non può sentire se stessa. Si dice che la punta del dito non può sentire se stessa. La lama del coltello non può tagliare se stessa. La coscienza non può essere conscia di se stessa. Esiste solo in funzione degli oggetti. Quindi, ci troviamo di fronte ad una interdipendenza fra la coscienza e gli oggetti della coscienza. È stato dimostrato che l'oggetto è divisibile all'infinito, che è dipendente da cause e da condizioni ed è dipendente dalla mente stessa. Inoltre è sprovvista di ogni attributo: in ultima analisi è introvabile e può esistere soltanto in relazione ad un oggetto della coscienza. Perciò, possiamo dimostrare prima di tutto l'inconsistenza della personalità e con questo l'inconsistenza degli elementi oggettivi e soggettivi della personalità.

Riassumendo, abbiamo iniziato la nostra indagine con la personalità. Abbiamo visto l'inconsistenza della personalità attraverso l'analisi e la sintesi, dimostrando che la personalità è composta da fattori fisici e mentali e che essa dipende da cause e condizioni (le afflizioni, il karma e la nutrizione). Possiamo perfezionare questa osservazione della personalità, guardando successivamente le varie parti che compongono l'esperienza personale – il contenuto oggettivo dell'esperienza (oggetto) e quello soggettivo dell'esperienza (la coscienza). Allora, si possono applicare delle indagini analitiche e relazionali agli oggetti della coscienza ed infine alla coscienza stessa. In questo modo arriviamo all'inconsistenza di qualsivoglia 'esistenza intrinseca' sia della personalità che dei fenomeni.

Perché si ha bisogno di usare sia dei metodi analitici che relazionali di indagine?

Il fatto è che ciascuno di questi metodi, preso da solo, è incompleto. Usando solo uno di questi metodi si arriva ad una visione distorta della realtà. Se ci affidiamo completamente al metodo analitico, rimaniamo in una visione statica e frammentaria della realtà. Quando si procede col frazionare la realtà in componenti sempre più piccole – la realtà materiale in atomi e poi ancora in particelle subatomiche, e la realtà mentale in momenti distinti della coscienza – si resta con pezzi e pezzetti meramente statici di realtà. Il problema di questa visione della realtà è quello di spiegare la relazione tra questi pezzi e pezzetti. Come succede che questi pezzi suddivisi partecipano a un'esperienza che è dinamica, fluida e integrata? Per superare i limiti del metodo analitico, abbiamo bisogno di utilizzare quello relazionale – che sottolinea l'interdipendenza fra le varie parti che partecipano in un insieme dinamico, fluente e integrato. Solo applicando questo metodo relazionale possiamo dimostrare che queste componenti dell'esperienza non hanno un'esistenza indipendente di per sé, e che la loro natura, funzione e realtà, derivano dalla loro partecipazione in una relazione, formando un insieme integrato.

Infatti, stiamo parlando della fase realistica, pluralistica e assolutistica della filosofia Buddhista: l'Insegnamento del primo giro della ruota del Dharma in cui vengono insegnati gli aggregati e gli elementi dell'esperienza e del secondo giro della Ruota del Dharma, nel quale si insegna la vacuità di tutti i fenomeni dell'esperienza.

E' molto interessante vedere che questi movimenti all'interno della tradizione Buddhista vengono puntualmente rispecchiati nella tradizione scientifica occidentale. Proprio come il Buddhismo utilizza un approccio analitico che è seguito poi da quello relazionale, i fisici occidentali hanno avuto una visione meccanicistica, quella dei sostenitori del riduzionismo di Newton, seguita da quella olistica, relativista della meccanica dei quanti.

Una cosa molto simile è successa alla psicologia occidentale, dove il riduzionismo delle scuole comportamentali ha dato origine alle scuole della *Gestalt* che danno risalto alla inter-relatività dei fenomeni psicologici.

Oggi, attraverso l'intera gamma delle scienze occidentali, vediamo l'olismo e l'interdipendenza guadagnare d'importanza, equilibrando le visioni meccanicistiche e riduzioniste che hanno predominato nell'ultimo secolo.

Abbiamo qualcosa di equivalente anche nello stesso cervello umano. E' stato suggerito che il cervello umano è diviso in due emisferi e che uno di essi opera principalmente in modo analitico e l'altro in modo intuitivo. Un emisfero è in grado di frazionare le cose, essendo molto analitico. L'altra metà del cervello vede meglio il quadro completo, avendo una visione d'insieme della realtà. La persona la cui metà analitica è preponderante non può far fronte alle situazioni che richiedono una visione olistica. Quella la cui metà intuitiva è predominante potrebbe non essere in grado di pensare in modo preciso e affrontare compiti analitici. Sia le facoltà analitiche che quelle intuitive sono necessarie allo scopo di arrivare ad una visione equilibrata della realtà.

La Vacuità

Questa visione equilibrata della realtà significa una comprensione della Verità Ultima, ovvero del modo in cui le cose sono realmente. Questa comprensione dell'inconsistenza di natura intrinseca, sia della personalità che dei fenomeni, si riferisce alla comprensione della vacuità. La vacuità non è il nulla, non è il vuoto. È una traduzione del termine "*Shunyata*". Shunyata significa vacuità, ma anche pienezza, come quella di un palloncino. La vacuità è evitare o trascendere le due opzioni quali l'esistenza o la non-esistenza, che sono concetti fondamentali del pensiero umano. La vacuità è sinonimo di inter-dipendenza. L'interdipendenza è l'esistenza relativa alle cause e alle condizioni. L'esistenza che è relativa alle cause e alle condizioni non è né l'esistenza intrinsecamente a sé stante né la non-esistenza. Non è l'esistenza intrinseca perché l'esistenza condizionata arriva ad una fine, è provvisoria, dipendente, condizionata. Non è neanche la non-esistenza, poiché è suscettibile di esperienza. Ha una realtà vincolata, provvisoria, relativa.

Osserviamolo ora, rispetto ad un caso specifico, come quello di un germoglio. L'esistenza del germoglio dipende dal seme, dall'acqua, ecc. Non esiste in modo assoluto, perché quando le condizioni che gli permettono di esistere mancano di sostenerlo, cessa di esistere. Perciò la sua esistenza è relativa, condizionata e dipendente. Tuttavia, il germoglio non è non-esistente poiché ha un'esistenza ancorché provvisoria, relativa alle sue cause e condizioni. Così la vacuità del germoglio significa l'interdipendenza del germoglio. Vuol dire che il germoglio non è esistente in modo assoluto e non è non-esistente in modo assoluto. Allo stesso modo, tutti i fenomeni, tutte le esperienze sono oltre l'esistenza e la non-esistenza. Ogni oggetto partecipa all'interdipendenza. Poiché sono partecipi dell'interdipendenza, sono vacui. E poiché sono vacui, in definitiva sono al di là dell'esistenza e della non-esistenza.

Questa vacuità che trascende l'esistenza e la non-esistenza ha una qualità fenomenica e una qualità apparente. Ha la capacità di manifestarsi perché non è non-esistenza. Proprio come il germoglio non è non-esistente e può sussistere in relazione a cause e condizioni, così anche tutti i fenomeni sono in grado di manifestarsi relativamente alle cause e alle condizioni perché non sono ultimativamente non-esistenti. Questa è la dimensione fenomenica o della forma, della vacuità. Ecco perché si dice nel Sutra del Cuore che forma è vacuità e vacuità è forma. La forma non è diversa dalla vacuità. La vacuità non è diversa dalla forma. Vacuità è sentimento, sentimento è vacuità. La vacuità non è diverso dal sentimento, il sentimento non è diverso dalla vacuità. La stessa cosa si applica agli altri aggregati dell'esperienza personale: percezione, volontà e coscienza.

Questo non vuol dire la non-esistenza della vacuità. La vacuità è al di là dell'esistenza e della non-esistenza. Trascende l'esistenza e la non-esistenza. Non è il nulla. Quindi il contenuto positivo della vacuità è la sua identità, la sua unicità, la sua integrazione con l'universo fenomenico dei nomi e delle forme. Il dinamismo, la fluidità, la mancanza di stabilità, lo spazio nell'universo dei fenomeni è dotato di vacuità. E' così perché i fenomeni (forma, sentimento, ecc.) non hanno esistenza intrinseca, la loro esistenza è relativa.

La Visione Integrata

Nella tradizione Buddhista particolare che stiamo trattando qui, l'idea dell'unità di forma e vacuità, l'unità dei fenomeni e della vacuità, l'andare oltre l'esistenza e la non-esistenza è espressa attraverso l'idea dell'integrazione della luminosità e della vacuità. Esattamente come si può dire che forma e vacuità sono uno, così diciamo che luminosità e vacuità sono uno. L'integrazione di luminosità e vacuità è la Visione Ultima che va al di là dell'esistenza e della non-esistenza. Che cosa significa? La dimensione della vacuità vuol dire che tutte le cose non esistono in un modo immodificabile, stabile e statico. Sono in ultima analisi non intrinsecamente esistenti. Questa è la dimensione vacua della realtà.

Allo stesso tempo, non sono assolutamente non-esistenti perché appaiono e si manifestano. Noi le vediamo, le sentiamo, ne abbiamo esperienza. Abbiamo esperienza di tutto ciò che ha nome e di tutto ciò che ha forma. Non sono non-esistenti perché sono fondamentalmente luminose. Sono in grado di apparire, di splendere, per così dire. Perciò, la visione integrata è l'integrazione della vacuità e della luminosità: l'apertura come l'opposto della non-esistenza, la fluidità e il dinamismo come opposti alla realtà statica. Questa visione integrata, questa unità di luminosità e vacuità, costituisce la Verità Ultima.

L'unità della luminosità e della vacuità significano anche l'unità del Samsara e del Nirvana. Questa è una delle dottrine più importanti del Mahayana. Nagarjuna, in uno dei suoi testi più famosi, il Mulamadhayamakakarika, dice: "Non c'è la più infima differenza tra il Samsara e il Nirvana – ciò che è Samsara è Nirvana e ciò che è Nirvana è Samsara". Questo avviene grazie all'unità di luminosità e vacuità, che è unità di forma e vacuità. Si potrebbe dire che la forma è simile al Samsara e che la vacuità è come il Nirvana. Qui luminosità è uguale a Samsara e vacuità a Nirvana. La realtà è integrata, non duale, non divisa. Ha un aspetto luminoso che è il Samsara e ne ha uno vuoto che è il Nirvana.

A questo punto, quando stiamo per raggiungere il livello più alto nel nostro procedere verso la visione pura, cosa succede all'esperienza della sofferenza? Dopo tutto, la tradizione Buddhista inizia con l'esperienza della sofferenza. Quando spezziamo la nozione di dualità tra il sé e l'altro da sé con la comprensione dell'inconsistenza della personalità e dei fenomeni, trasformiamo il Samsara, l'esperienza della sofferenza, non eliminandola, non trasformandola nel nulla, ma purificandola. Ciò che era un'esperienza impura, ciò che era sofferenza, diventa l'esperienza della luminosità, l'attività inconcepibile e spontanea degli Esseri Illuminati.

L'Illuminazione o il Nirvana qui non significano il nulla. Non vuol dire essere assorbiti, immersi o sparire nella vacuità. Significa divenire una sola cosa con la Realtà Ultima, che ha una dimensione luminosa e una dimensione vacua. Questa dimensione luminosa, nello Stato Illuminato, diventa un'energia vibrante positiva che può prendere tutti i tipi di forma, allo scopo di aiutare a liberare gli altri esseri senzienti.

E' qui che iniziamo a parlare delle attività salvifiche dei Bodhisattva, in cui i Bodhisattva possono assumere tutte le forme, incluse quelle delle Divinità Tantriche del Pantheon Vajrayana. Raggiunto lo Stato dell'Illuminazione, questa luminosità si manifesta in vari forme salvifiche, nelle differenti Divinità e nelle molteplici attività dei Bodhisattva, che, come l'universo intero, non sono non-esistenti ma non esistono in una maniera statica, limitata e fissa. Nella loro forma luminosa hanno una qualità fluida, dinamica, vuota, libera.

Il Nirvana Non-Dimorante

Questa unità della luminosità e della vacuità, nel Samsara e nel Nirvana si riflette nella meta della tradizione Mahayana, il Nirvana non-dimorante, che non è stabile, che non dimora né nel Samsara né nel Nirvana. In questo stato i Bodhisattva illuminati, a causa della loro compassione, non dimorano nel Nirvana. Nemmeno nella vacuità. Fanno uso della dimensione luminosa del Samsara per compiere le loro attività inconcepibili per il beneficio degli esseri viventi. Allo stesso tempo, a causa della loro Saggezza, della loro comprensione della natura condizionata della personalità e dei fenomeni, non sono legati al Samsara. Sono liberi. La loro libertà ha un tipo di qualità anfibia nella quale possono muoversi liberamente tra la dimensione della vacuità e quella luminosa. Naturalmente, quando usiamo il linguaggio del movimento, stiamo usando una metafora presa dalla nostra propria esistenza. Nel caso degli illuminati, non c'è alcun movimento da una dimensione all'altra. All'interno del loro essere, c'è una integrazione, una unità di queste due dimensioni di luminosità e vacuità che sono non-duali, che sono compenetranti.

Qui, abbiamo la concezione delle due dimensioni della Buddhità – la dimensione della forma (Rupakaya) e quella inconcepibile, trascendentale (Dharmakaya). La dimensione luminosa della realtà ultima si rispecchia nella dimensione della forma della Buddhità e quella della vacuità della realtà ultima si rispecchia nella dimensione trascendentale della Buddhità.

Questo conclude la nostra discussione dell'esperienza di trasformazione, dell'esperienza dello yogin che risveglia il pensiero dell'Illuminazione e che procede sul sentiero del Bodhisattva che lo porterà alla soglia della Buddhità. Guarderemo in seguito al frutto della tradizione della trasformazione della mente, lo stato di Buddhità.

Capitolo VIII
L'ILLUMINAZIONE E LA BUDDHITA'

Le Tre Esperienze

In alcune occasioni, ho fatto riferimento all'idea delle tre esperienze o alla "Triplice Visione". Infatti, la maggior parte del materiale, e dell'intera struttura, di cui ho fatto uso è stato adottato da un corpo principale di insegnamenti chiamati la Triplice Visione. Questo corpo di insegnamenti fu dapprima trasmesso sotto forma di una tradizione orale dall'India al Tibet tra il 7° e il 13° secolo. Successivamente, fu messo per iscritto in varie versioni in Tibet. L'insegnamento della Triplice Visione non solo presenta una guida concreta alle pratiche meditative del Mahayana, serve anche come introduzione alla fase Tantrica della pratica Buddhista (Vajrayana). E' stata usata per soddisfare questo duplice scopo durante tutta la storia della tradizione Buddhista Tibetana.

Le tre esperienze sono: quella impura, quella relativa alla trasformazione e quella pura. L'esperienza impura si riferisce alla visione illusoria e karmica, dove la visione illusoria è l'esperienza generata dall'illusione del sé e dall'instabilità emotiva che ne deriva, mentre la visione karmica è l'esperienza che gli esseri senzienti hanno come risultato delle azioni positive e negative che sono state compiute sulla base dell'ignoranza, degli attaccamenti e dell'ostilità.

Per dirlo in modo semplice, l'esperienza impura è quella dei sei regni del Samsara. Quello che è comune in questi sei regni è la sofferenza nelle sue manifestazioni particolari di nascita, vecchiaia, malattia, morte, separazione da coloro che amiamo, vicinanza con quelli che non ci piacciono e la mancanza degli oggetti desiderati. La sofferenza è onnipresente nei sei regni dell'esistenza.

L'esperienza impura inizia a cedere il passo all'esperienza della trasformazione quando, attraverso una pratica di trasformazione positiva, la nostra intenzione principale diventa l'allontanarsi dall'esperienza impura, in quanto essa è un processo negativo di disimpegno. Nella fase dell'esperienza di trasformazione, c'è invece una sorta di impegno positivo. Questo processo avviene attraverso la coltivazione dell'amore e della compassione universali, il risveglio del Pensiero d'Illuminazione e le pratiche delle Sei Perfezioni del sentiero del Bodhisattva, soprattutto grazie alla pratica della calma e della comprensione intuitiva. Questo, infine, darà il via all'esperienza pura trasformata, nello stadio della fruizione.

Possiamo vedere queste tre esperienze come fattori costituenti la causa, il sentiero e il frutto del processo di trasformazione della mente, dove l'esperienza impura costituisce l'origine. È a causa dell'esperienza di sofferenza nei sei regni che troviamo il motivo di imbarcarci in un programma di trasformazione della mente. Questa è in parte la ragione per cui il Buddhismo non ha mai ritenuto necessario dedicarsi al proselitismo, perché c'è sempre una accettazione tacita del fatto che la sofferenza in sé dovrebbe essere sufficiente per sviluppare l'interesse di intraprendere una disciplina di auto-trasformazione. L'esperienza di trasformazione funziona come il processo della trasformazione stessa. Il frutto di questo processo è l'esperienza pura trasformata, che è la Buddhità.

L'Esperienza Pura

Lo scopo di esaminare l'esperienza pura della Buddhità è di trarre ispirazione e fiducia verso l'obiettivo per cui ci stiamo impegnando. Proprio come quando un uomo in un deserto venendo a conoscenza che esiste un'oasi si sentirebbe ispirato e rinfrescato per arrivarci, così, venendo a conoscenza del frutto di questo cammino di auto-trasformazione, ci si può sentire ispirati e rinfrescati, allo stesso modo in cui ci si sente più inclinati a sopportare le difficoltà di un viaggio quando abbiamo una fotografia del luogo in cui stiamo andando.

Arrivare all'esperienza pura significa raggiungere l'esperienza della Realtà Ultima. Questa esperienza è naturalmente distinta da quella della realtà convenzionale o apparente. L'esperienza della Realtà Suprema comporta il non afferrare, il non abbandonare e il non dimorare in qualunque fenomeno, oggetto o idea (= *dharma*, elemento dell'esistenza fenomenica).

Non attaccarsi a nessun dharma, ovviamente significa anche non dover abbandonare nessun tipo di dharma: dato che il dharma non viene afferrato, non c'è alcuna necessità di abbandonarlo. Allo stesso modo, non si dimora nei dharma e non si rimane incastrati in essi. I fenomeni, gli oggetti e le idee sono come piccoli settori che ci racchiudono al loro interno. Finché continuiamo a rinchiuderci in questi piccoli compartimenti, non ci sarà alcuna crescita.

Forse possiamo comprendere meglio facendo di nuovo qualche paragone analogico. Ricordiamo ad esempio l'aneddoto del sogno della ragazza vergine. Allo stesso modo si dice che il mondo intero è come un elefante illusorio creato dall'arte della magia. Un altro esempio è quello dell'olografia. L'olografo può creare una immagine tridimensionale di un oggetto. Puoi guardare intorno ad esso, ma non c'è nessun oggetto. E' creato dai raggi di luce. Tutti i fenomeni sono come un sogno, un'illusione magica o un'olografia. Appaiono in relazione alle cause e alle condizioni. Non hanno alcuna realtà ultima. La nascita, l'esistenza e la morte di tutti gli oggetti e di tutte le idee sono come l'origine, la durata e la distruzione di un oggetto nel sogno, evocata da una illusione magica o da un'olografia.

Sono semplicemente delle entità che appaiono in relazione a cause e condizioni. Sono solo esistenze apparenti. La conclusione che si può trarre da ciò è che nascita e morte non hanno nessuna realtà ultima. Nascita e morte sono un occasione per soffrire fintanto ché uno rimane in uno stato di sogno. A livello dell'Illuminazione, invece, nascita e morte cessano di essere l'occasione di sofferenza perché oramai si è compreso che sono come degli oggetti visti in un sogno. Allo stesso modo in cui ci si può risvegliare da un sogno, nello stato di Illuminazione ci si risveglia dall'illusione di nascita e morte.

La Natura del Buddha

Spiegando l'esperienza pura, la tradizione Mahayana della trasformazione della mente, ha spesso fatto ricorso all'idea della Natura di Buddha, la potenzialità all'interno di ognuno di noi di raggiungere la Buddhità. La "natura di Buddha" è una libera traduzione del termine "*Tathagatagarbha*", che effettivamente significa l'utero, il luogo di nascita della Buddhità. Che cos'è la Natura del Buddha, di cui spesso si parla nei testi Mahayana, in particolare nella tradizione della "Sola Mente"? La Natura del Buddha è la natura della mente intesa come stato integrato tra luminosità e vacuità. Abbiamo già parlato della realtà ultima come integrazione tra luminosità e vacuità. Noi paragoniamo questa combinazione di luminosità e vacuità all'identità di forma e di vacuità che troviamo nel Sutra del Cuore. Lo compariamo anche all'unità tra il Samsara e il Nirvana.

Guardiamo qualche esempio pratico per meglio comprendere ciò che vogliamo dire con l'affermazione che la Natura del Buddha equivale alla natura chiara e vacua della mente. La mente può essere paragonata ad un cristallo. Il cristallo ha il potenziale di riflettere qualunque colore, eppure non ha un colore proprio. Si può dire che questo sia la luminosità e la vacuità del cristallo: la luminosità è il potenziale di riflettere una varietà di colori e la vacuità è la natura del cristallo di essere privo di un colore proprio. Per esempio, se noi poniamo il cristallo davanti ad uno sfondo rosso, esso apparirà rosso. La mente è simile al cristallo nel fatto che ha la capacità di generare un certo numero di esperienze, e quell'aspetto corrisponde alla sua luminosità; allo stesso tempo non ha un'esistenza definita, propria – e quello è il suo aspetto di vacuità.

Se esponiamo la mente alle afflizioni, essa produrrà l'esperienza della sofferenza, l'esperienza impura. Al contrario, se avviciniamo la mente all'esperienza di trasformazione, alla non-ignoranza, ai non-attaccamenti e alla non-avversione, essa genererà l'esperienza pura, l'esperienza della Buddhità. Come un cristallo, la mente ha una natura luminosa ma non ha una natura propria. Allo stesso modo, un tessuto bianco ha il potenziale di esprimere uno qualunque dei vari colori, eppure non ha un colore suo proprio. Se lo tingiamo di rosso, per esempio, diventerà rosso.

C'è una storia raccontata da un grande maestro Tibetano vivente che illustra molto bene l'idea della natura del Buddha. Lui disse: "Supponiamo di avere una massa informe di ottone e lo modelliamo creando un vaso da notte. Usiamo il vaso da notte per tenere gli escrementi e l'urina e tutti lo considereranno indecente e impuro e noi lo disprezzeremo. Supponiamo poi di fondere il vaso da notte e di modellarlo facendolo diventare un recipiente per le offerte. Il vaso sarà usato per le offerte del Tempio. Pensiamo successivamente di prendere questo recipiente per le offerte e di fonderlo in un'immagine del Buddha. Sarà un oggetto di venerazione. Per l'intero processo, la massa informe di ottone è stata la stessa. Ha il potenziale di produrre tutte le forme diverse eppure non ha una sua forma propria."

Possiamo completare questa analogia paragonando il vaso da notte agli esseri senzienti non illuminati, che non hanno intrapreso alcuna disciplina della trasformazione della mente. Un tale essere è come sepolto nell'esperienza impura ed è guardato con disprezzo da tutti gli altri. Se lo indirizziamo verso l'esperienza della trasformazione, diventa come quel recipiente delle offerte. Diventa un mezzo di approccio all'Illuminazione e alla Buddhità. Infine, mediante l'eliminazione dell'ignoranza, degli attaccamenti e dell'avversione, diventa oggetto di adorazione. Questa è la Natura del Buddha, la combinazione di potenziale e di vacuità, che è la natura attuale della nostra mente. Attraverso la presenza di certe condizioni, si può generare la Buddhità, benché la presenza di altre condizioni produca invece la visione impura, l'esperienza del Samsara.

La definizione di Buddhità

Occupiamoci ora della natura del frutto della trasformazione della mente. Il termine Buddha, che è spesso tradotto come "L'Illuminato" o "Il Risvegliato" significa colui che ha raggiunto la libertà dalle afflizioni – ignoranza, desiderio e cattiva volontà – e ha accumulato innumerevoli qualità positive: come qualcuno ha detto, si è evoluto completamente. Diamo un'occhiata alla traduzione Tibetana della parola Buddha perché ci aiuterà a capire il significato della Buddhità. La traduzione Tibetana è "*Sang Gye*". Questa parola è per la verità composta da due termini "*sang*" che vuol dire "purificato" e "*gye*" che significa "ingrandito" o "esteso". Ciò indica chiaramente il duplice carattere della Buddhità. Da una parte significa la purificazione dalle afflizioni dell'ignoranza, del desiderio e della cattiva volontà, e dall'altra vuol dire estensione o evoluzione.

Un Buddha è colui che, attraverso la pratica delle Sei Perfezioni, ha raggiunto le due Realizzazioni - quella del merito e quella della conoscenza – oltre alle tre dimensioni o Corpi (Kaya) della Buddhità – il *Dharmakaya* (la dimensione della Verità Ultima), il *Sambhogakaya* (la Dimensione Celestiale) e il *Nirmanakaya* (la dimensione terrestre). Queste tre dimensioni possono essere riassunte in due dimensioni: Dharmakaya e Rupakaya (cioè la dimensione fenomenica, che comprende le dimensioni celestiali e terrestri). Queste due dimensioni corrispondono alle due Realizzazioni. La Realizzazione del merito porta alla realizzazione del Rupakaya e quello della conoscenza conduce alla Realizzazione del Dharmakaya.

Queste due dimensioni, che derivano dall'adempimento del merito e della conoscenza soddisfano un duplice scopo: per il Buddhismo lo scopo è sempre quello di portare beneficio a sé e agli altri. Non stiamo insegnando una tradizione di auto-sacrificio. Stiamo trattando una tradizione in cui c'è sempre uno sforzo, sia per sé stessi che per gli altri. Questo fatto si riflette nelle due dimensioni della Buddhità. Il Rupakaya è per il benessere degli altri, per aiutare gli altri a raggiungere la Buddhità. Il Dharmakaya è per il proprio benessere. Questo è anche un riflesso dell'idea di libertà che procede da e verso se stessa. Il Rupakaya è un'espressione della libertà del Buddha per impegnarsi nelle attività del mondo allo scopo di aiutare gli altri esseri senzienti. Il Dharmakaya è un'espressione della libertà del Buddha in quanto espressione della sua trascendenza dal mondo.

Le Qualità del Buddha

Tradizionalmente, si spende molto tempo nel descrivere le qualità del Buddha. Esse sono classificate sotto cinque categorie – corpo, voce, mente, qualità e attività. Noterete che c'è una certa quantità di sovrapposizioni tra le classificazioni, fatto pressoché inevitabile, come anche una certa artificiosità. Ciò nonostante, questo schema di classificazioni serve per enumerare le qualità più importanti della Buddhità.

1. Il Corpo del Buddha

Per quanto riguarda il corpo del Buddha, ricordiamoci tutto quello che è stato detto in merito alle tre dimensioni corporee – il Dharmakaya, il Sambhogakaya e il Nirmanakaya, e la natura degli stessi. Oltre a ciò, viene dichiarato ripetutamente che il corpo del Buddha è infinitamente multiforme, inconcepibilmente immenso e onnicomprensivo, un'allusione di ciò che a volte viene chiamato *Pantheon del Mahayana* dato che alla fine, a livello dell'esperienza pura, l'intero universo è visto come un'espressione del principio dell'Illuminazione, che noi identifichiamo con il Buddha storico. Con questo, però, entriamo in una dimensione diversa dato che, parlando di *Buddha*, ora non abbiamo più in mente la figura del Buddha storico Sakyamuni – ovvero colui che ha vissuto ed insegnato in India – ma parliamo delle tre dimensioni della Buddhità: di quella multiforme, inconcepibile, immensa e onnicomprensiva entità chiamata *Buddha*, di cui il Buddha Sakyamuni è semplicemente una delle innumerevoli manifestazioni, per quanto speciale.

2. La Voce del Buddha

La voce del Buddha è dotata di qualità incomparabili. Tra le qualità più interessanti c'è l'abilità di rispondere a tante domande contemporaneamente, l'abilità di esprimersi in tutte le lingue degli astanti simultaneamente e la capacità di udire anche a grandi distanze. In particolare, riguardo al secondo attributo, tutte le discussioni su quale lingua ha usato il Buddha perdono di significato, visto che il Buddha ha insegnato nella lingua di ogni suo interlocutore. Ognuno lo udì in un linguaggio a lui comprensibile.

3. La Mente del Buddha

La mente del Buddha è forse la più celebrata di tutte le qualità della Buddhità. Nella spiegazione più breve, si dice che abbia due qualità della conoscenza – quella di tutte le cose così come sono percepite e la conoscenza di tutte le cose così come sono in realtà. Questo corrisponde ai due livelli dell'esistenza: la realtà convenzionale e quella ultima. La conoscenza del Buddha deve racchiudere questi due livelli perché lo scopo e la funzione del Buddha è proprio quello: costruire un ponte tra la realtà convenzionale e quella suprema. In quale altro modo potrebbe il Buddha condurre gli esseri senzienti alla libertà se non con la maestria della verità convenzionale, di cui gli esseri senzienti sono tutti pratici, e della realtà suprema, che è il frutto peculiare dell'Illuminazione, l'acquisizione speciale del Buddha?

Oltre alla descrizione di questi due aspetti, c'è quella delle quattro forme della mente del Buddha. Secondo questa descrizione, la mente del Buddha è dotata di quattro tipi di Conoscenza Trascendentale. Il primo è la *conoscenza come lo specchio*. Questa è un tipo di conoscenza che riflette la vera essenza di tutti i fenomeni ed è analoga a quella della Realtà Suprema nella descrizione dei due livelli.

La seconda conoscenza è quella *dell'equanimità*, che determina il modo di porsi nei confronti di Samsara e Nirvana: Buddha non è incline né verso il Samsara né verso il Nirvana. Questo corrisponde al cosiddetto Nirvana non-dimorante del Buddha che non gli permette di dimorare né nel Samsara né nel Nirvana. La *conoscenza dell'equanimità* è indispensabile per l'opera salvifica del Buddha, perché se il Buddha tendesse a ritirarsi dal Samsara sarebbe vanificata la sua funzione salvifica.

La terza conoscenza è quella *del discernimento*. Mentre la prima conoscenza è quella come uno specchio che riconosce l'identità essenziale di tutte le cose, la *conoscenza discernente* è quella relativa a tutte le cose così come appaiono ai differenti esseri senzienti, ognuno secondo la propria situazione.

La quarta conoscenza è quella *della realizzazione*. Mentre la *conoscenza discernente* riguarda la varietà dei fenomeni, la *conoscenza della realizzazione* riguarda la disposizione interiore e il modo di porsi degli esseri senzienti. Tutti questi quattro tipi di conoscenza collaborano per contribuire alla funzione salvifica dell'operato di Buddha. La conoscenza *delle cose così come sono* equivale alla conoscenza che il Buddha ha della Realtà Ultima. La *conoscenza dell'equanimità* fa sì che il Buddha non rimanga nel Nirvana ma che, anzi, operi liberamente nel mondo del Samsara. La *conoscenza della discriminazione* gli permette di comprendere le specificità di tutti gli oggetti. *La conoscenza della realizzazione* lo rende capace di capire il modo più idoneo per poter aiutare tutti gli esseri senzienti a realizzare l'Illuminazione.

4. Le Qualità del Buddha

Generalmente, le innumerevoli qualità del Buddha rientrano in due categorie. La prima consiste nelle *qualità speciali evidenti* del Buddha. Queste sono i trentadue segni maggiori e gli otto segni minori di un Grande Essere. I trentadue segni includono la protuberanza in cima alla testa e il tesoro di peli tra le due sopracciglia. Sono anche i segni che adornano la forma fisica dei Buddha storici e di quelli celestiali. La seconda categoria consiste nelle qualità possedute esclusivamente dal Buddha – i diciotto *Buddhadharma* – e questo include la qualità di non dire mai cose senza senso e di avere una memoria inesauribile. Questi sono i segni speciali che adornano la forma fisica e le proprietà speciali che adornano il carattere del Buddha.

5. Le Attività del Buddha

Le attività speciali del Buddha sono caratterizzate dalla spontaneità. In questo contesto rientrano le attività di tutte le manifestazioni fenomeniche della Buddhità che appartengono sia alla dimensione terrestre che a quella celestiale. Tutte queste attività, che vengono messe in atto per il beneficio di tutti gli esseri senzienti, non vengono intraprese in modo premeditato. Questo deriva dall'unione del Buddha con la realtà ultima, nella quale non c'è alcuna distinzione tra il Samsara e il Nirvana, tra esseri non illuminati e gli Illuminati e in cui non può esserci un'azione intenzionale o premeditata. Sono le attività inconcepibili, anche impensabili del Buddha, quelle attività spontanee attraverso il mezzo di diverse espressioni specifiche che si trovano nelle dimensioni terrestri e celestiali. Attraverso questo mezzo – le due dimensioni – il Buddha intraprende differenti e innumerevoli attività inconcepibili per la liberazione degli esseri senzienti. Uno scrittore moderno ha paragonato queste attività al pilota automatico in un aeroplano. Avendo creato l'impulso per quella manifestazione fenomenica attraverso la pratica delle Perfezioni del Buddha, il Buddha non ha più la necessità di dirigere le sue attività in modo premeditato e intenzionale. La dimensione fenomenica agisce da sé grazie alla pratica del Buddha delle Perfezioni che conducono alla realizzazione di atti meritevoli. In tal senso, è programmato per realizzare il beneficio degli esseri senzienti.

Ci sono un paio di esempi classici delle attività inconcepibili del Buddha per il benessere degli esseri senzienti. Tradizionalmente viene detto che quest'attività spontanea è come mettere un bastone che ha la capacità di rimediare al veleno. Nell'antica India, e anche oggi, sono molto ricercate le persone che hanno capacità speciali nel neutralizzare il veleno di serpenti velenosi. Proprio come uno di questi guaritori occasionalmente può mettere un bastone nel terreno, o lasciare dietro a sé un oggetto, che ha la capacità di purificare il veleno anche molto tempo dopo che il guaritore è andato via, allo stesso modo il Buddha, attraverso la sua pratica delle Perfezioni, crea apparenze fenomeniche – entità, oggetti, persone, nello spazio e nel tempo – che hanno il potere di liberare gli esseri senzienti. Lo stesso Buddha non ha alcuna ulteriore necessità di impegnarsi in maniera premeditata e deliberata nelle sue attività salvifiche. Questa attività spontanea è paragonata anche all'effetto del suono di un carillon nel vento, che risponde automaticamente alle correnti d'aria che gli battono contro, emettendo suoni più alti o più bassi.

La Dimensione Fenomenica della Buddhità
1. Il Sambhogakaya.

Il veicolo per queste attività del Buddha è la dimensione fenomenica della Buddhità – il Sambhogakaya e il Nirmanakaya. Il Sambhogakaya, che qui è tradotto in modo vago come la dimensione celestiale, significa letteralmente il corpo, l'essere o l'esistenza di beatitudine, di gioia e di splendore. Effettivamente, questa dimensione della Buddhità si riferisce a una dimensione molto speciale, esaltata, della Buddhità. Non è una forma della Buddhità accessibile a tutti. Lo è soltanto per gli esseri senzienti la cui visione è stata purificata. Questo perché il Sambhogakaya è chiamato la dimensione divina della Buddhità. I Buddha e i Bodhisattva di questa dimensione sono i Buddha delle cinque famiglie (i Buddha Vairocana, Ratnasambhava, Amitabha, Amoghasiddhi, Akshobya) e i Bodhisattva celestiali (Avalokiteshvara, Maitreya, Manjushri, ecc.). Queste figure non appartengono alla dimensione terrestre. Per coloro la cui visione non è stata purificata, sono accessibili solo come figure d'arte. Non sono disponibili come oggetti dell'esperienza diretta. Ma a coloro che praticano la meditazione e hanno purificato la loro visione, questi Buddha e Bodhisattva Celestiali appaiono direttamente. La funzione speciale del Sambhogakaya è l'insegnamento del Mahayana. Essi si impegnano esclusivamente negli insegnamenti del Mahayana.

2. Il Nirmanakaya

Il termine Nirmanakaya è qui tradotto come la dimensione terrestre. Nirmana significa creato, emanato, prodotto. Nirmanakaya è un corpo prodotto, costruito. Il Nirmanakaya appare sulla terra anche a coloro la cui visione non è stata purificata. L'apparizione più importante e speciale del Nirmanakaya è stato lo storico Buddha Sakyamuni. Oltre a questa apparizione creata in modo specifico nella forma del Buddha Sakyamuni - che rappresenta il dramma della rinuncia della vita domestica, la ricerca dell'Illuminazione, l'Illuminazione sotto l'albero della Bodhi e che poi insegna il Dharma al mondo - ci sono altri Nirmanakaya. Questi sono di due tipi – le apparizioni incarnate nella forma di amici delle virtù e quelle create in modo magico nella forma di visioni e di oggetti inanimati. Le apparizioni incarnate permettono delle emanazioni di Buddha nei regni degli Dei e anche tra gli esseri umani. Sono le forme create nate in corpo umano. Per esempio, nella tradizione Tibetana, c'è l'istituzione dei Nirmanakaya-Tulku riconosciuti (che letteralmente vuol dire Nirmanakaya) e dei Rinpoche (i Preziosi). Questi amici spirituali e maestri che vivono ed insegnano tra gli esseri umani sono considerati il Nirmanakaya del Buddha. Questo è un modo in cui la dimensione fenomenica del Buddha appare e funziona nel mondo, e avviene mediante la nascita in forma umana.

Il Nirmanakaya può apparire anche come creazioni magiche. Queste possono essere nella forma di persone come, per esempio, la visione che il Buddha creò per convertire la Regina Kshema o nella forma di oggetti inanimati. Quando Shantideva, nel suo Bodhisattvacaryavatara, sottolinea la sua aspirazione a compiere le attività di un Bodhisattva nobile, dice: "Possa io diventare cibo per gli affamati, vestiti per quelli che non ne hanno, riparo per i senzatetto e medicina per gli ammalati".

La relazione tra il Sambhogakaya e il Nirmanakaya è resa più chiara nella tradizione Tibetana. Attualmente, una delle dimensioni fenomeniche meglio conosciute è la figura del Dalai Lama. Il Dalai Lama è la dimensione terrestre del Bodhisattva Avalokiteshvara. Mentre il Bodhisattva Avalokiteshvara non è direttamente accessibile a tutti noi, il Dalai Lama rappresenta l'accessibilità immediata della Buddhità a livello degli esseri senzienti ordinari. Un altro esempio è Sakya Trizin. Egli è la dimensione terrestre del magnifico Bodhisattva Manjushri.

Le Trasformazioni delle Forme, dei Suoni e dei Pensieri

Abbiamo parlato dell'esperienza del Buddha in termini della sua identificazione con la realtà suprema, in termini di trascendenza di nascita e morte, della loro irrealtà. A questo punto guardiamo ai contenuti più positivi dell'esperienza pura della Buddhità: di come potrebbe manifestarsi l'esperienza della visione pura. La trasformazione nell'esperienza pura comporta la trasformazione di tutte le forme che appartengono alla sfera dell'esperienza corporea o fisica, mentre la trasformazione dei suoni appartiene alla sfera dell'esperienza verbale e la trasformazione dei pensieri appartiene alla sfera dell'esperienza mentale.

Abbiamo detto che al livello degli esseri spiritualmente evoluti si ha allora diretto accesso ai divini Buddha e Bodhisattva. Il frutto del processo della trasformazione della mente è l'esperienza delle forme come quelle dei Buddha e dei Bodhisattva celestiali e quelle dell'ambiente in cui i Buddha e i Bodhisattva dimorano. La trasformazione dell'esperienza delle forme significa che si inizia di avere esperienza nei termini dei Buddha e dei Bodhisattva celestiali e nei termini del loro habitat. In pratica, questo significa che, a livello dell'esperienza purificata, iniziamo a fare esperienza noi stessi come dei Buddha e Bodhisattva celestiali e di quelli intorno a noi come altri esseri illuminati che vivono in questi campi celestiali.

Cominciamo a sentire i suoni come se fossero dei sutra e dei mantra celestiali. Cominciamo a sentire il suono come un suono divino trasformato, che è la componente verbale nell'esperienza dell'universo divino. Una volta, quando chiesi ad un maestro Tibetano se avesse trovato difficoltà a vivere in città a causa del rumore, egli rispose che non l'aveva trovato affatto difficile perché il rumore della città poteva essere percepito come il suono celestiale dei sutra e dei mantra.

Infine, anche le attività mentali vanno considerate come la dimensione inconcepibile, trascendentale della Buddhità (Dharmakaya).

Questa visione purificata che è caratteristica dell'esperienza della Buddhità, definisce il Vajrayana. Se guardiamo alla quintessenza delle tre maggiori tradizioni Buddhiste – Theravada, Mahayana e Vajrayana – dovremmo riassumerle come segue. L'essenza dell'atteggiamento della tradizione Theravada è quella di evitare di recare danno agli altri esseri senzienti. L'essenza dell'atteggiamento nella tradizione Mahayana è quella di cercare di recare beneficio agli altri esseri senzienti. L'essenza dell'atteggiamento del Vajrayana è quella di rispettare se stessi e gli esseri senzienti come Esseri Illuminati appartenenti all'universo celestiale purificato e di considerare i suoni e le forme attorno a noi come i suoni e le forme dell'universo celestiale purificato.

I Tre Livelli di Pratica

In conclusione, vorrei fare riferimento brevemente a due
punti. Il primo è quello dei tre livelli di pratica – quella
preliminare, quella presente e quella conclusiva. Infatti,
questo materiale è inteso perché diventi soggetto di
meditazione. Utilizziamo lo schema dei tre livelli di pratica,
iniziando con il Prendere Rifugio e con la creazione del
pensiero illuminato, seguito dalla contemplazione dei
contenuti di ognuna di queste sessioni, sia che si tratti della
contemplazione della sofferenza dei sei regni,
dell'impermanenza e della natura favorevole della
condizione umana, dell'amore e della compassione
universali, ecc. Tutte queste costituiscono la pratica
principale. Infine, si conclude con la pratica della dedica dei
meriti, testimoniando di aver fatto questa pratica per
l'Illuminazione degli esseri senzienti. Se si mantiene questo
schema dei tre livelli per la pratica della mente, si può
inserire ogni parte dei contenuti delle tre sessioni in
qualunque pratica meditativa.

I Ritiri di Meditazione

La pratica del ritiro meditativo è quella di creare un certo
grado di isolamento del corpo, della parola e della mente
durante il quale ci si limita deliberatamente ad una sfera
ristretta di attività fisica e ci si dedica per un tempo variabile
giornaliero alla pratica della meditazione. A seconda delle
proprie capacità, si possono trascorrere da cinque a dodici
ore in meditazione ogni giorno. Ordinariamente, questi
tempi di meditazione sono distribuiti su tre o quattro
sessioni in modo tale da poter cercare di garantire una
sessione al mattino, una al pomeriggio, una alla sera e una
più tardi di notte. Ogni sessione può durare da due a quattro
ore. In questo modo, si può arrivare a mantenere il processo

meditativo per un tempo sufficiente con un impegno tale da fare qualche progresso. Senza dubbio si presenteranno tensioni e frustrazioni, ma l'esperienza meditativa in una situazione di ritiro è particolarmente potente.

Mi piacerebbe finire con un'osservazione che il Dalai Lama ha fatto qualche anno fa. Ha detto che ogni volta che incontriamo nuovi insegnamenti possiamo trovarli immediatamente utili per noi stessi oppure sentire che non sono di particolare utilità, per noi, perché possiamo avere delle riserve riguardo a quegli insegnamenti o perché non sembrano avere alcun senso per noi. Questo può essere illustrato dal caso di una persona che va in un negozio e che vede una lampada che lo attrae. Compra quella lampada ma quando arriva a casa, trova che la lampada non si adatta allo stile della sua casa. Che cosa fareste se vi trovaste in questo tipo di situazione? Potreste sia gettare via la lampada o metterla nell'armadio con l'idea che in un tempo successivo potreste trovarle un posto. Allo stesso modo, con i nuovi insegnamenti, piuttosto che rifiutarli, metteteli da parte e qualche volta in un tempo successivo potreste trovare come farne uso per la vostra vita.

NOTA SULL'AUTORE

Peter Della Santina nacque da una famiglia italiana a New York, USA, nel 1950. Durante i suoi studi alla Wesleyan University nel Connecticut ha iniziato ad interessarsi delle religioni orientali, in particolare del buddhismo. Nel 1969, durante l'ultimo anno di studi, s'iscrisse al programma "Un anno di college in India" e andò a studiare alla Benares Hindu University. Nello steso anno ha incontrato anche S.S. Sakya Gongma Trichen Rinpoche (il 41° Sakya Trizin), allora capo della tradizione Sakya del Buddhismo Tibetano: fu un incontro di vitale importanza per Peter, perché prima il suo interesse per il buddhismo era stato solo di tipo intellettuale. Da lui prese Rifugio nei Tre Gioielli e rimase suo discepolo e studente devoto per più di 30 anni.

Peter fece il MA in filosofia nel 1974 e concluse il dottorato nel 1979, entrambi all'Università di Dehli, India. Ha lavorato all'Institute for Advanced Studies of World Religions, NJ, USA. Per un periodo ha anche vissuto in California dove fondò la Chico Dharma Study Foundation per promuovere un Buddhismo non-settario.

Ha insegnato Buddhismo in molti paesi del sud-est asiatico ed era anche "Senior Fellow" all' Indian Institute of Advanced Studies, Simla. Suo ultimo impegno era quello del "Visiting Professor" all'International Buddhist College a Songkhla, Thailandia.

Della Santina ha pubblicato molti libri come *Madhyamaka Schools in India*, *Nāgārjuna's Letter to King Gautamīputa*, *The Buddhist Tradition of Mental Development*, *The Tree of Enlightenment*, and *Causality and Emptiness: The Wisdom of Nāgārjuna*, oltre a numerosi articoli in riviste accademiche.

Della Santina era praticante della tradizione Sakya del Buddhismo Tibetano e ha ricevuto iniziazioni delle divinità maggiori da molti luminari di quella tradizione e ha completato vari ritiri lunghi e brevi durante la sua vita. Ha partecipato attivamente alla fondazione del centro Sakya Ngon Ga Ling nel 2003 e rimanendo un importante punto di riferimento nei primi anni del centro.

Il presente volume è stato stampato per il 15° anniversario del centro Buddhista Tibetano "Sakya Ngon Ga Ling" in Toscana, Italia.

Per ulteriori informazioni è possibile consultare il sito <u>www.sakyangongaling.it</u> *oppure scrivere all'indirizzo mail* <u>info@sakyangongaling.it</u>

Foto di copertina: Jowo Shakyamuni, Tempio Jokhang, Lhasa, Tibet (Ziyi Xu, CC BY-SA 2.0)